Cäcilia Brodesser

Reise meiner Seele
zum wahren Ich

33 Ideen für die Anerkennung und Wertschätzung von Jugendlichen und Erwachsenen

Bibliografische Information der Deutschen Nationalbibliothek:
Die Deutsche Nationalbibliothek verzeichnet diese Publikation in der Deutschen Nationalbibliografie; detaillierte bibliografische Daten sind im Internet über http://dnb.dnb.de abrufbar.

© 2017 Cäcilia Brodesser

Illustration: Cäcilia Brodesser

Herstellung und Verlag: BoD – Books on Demand, Norderstedt

ISBN: 9783743180741-

Inhaltsverzeichnis

Vorwort	7
Einführung	9
Danksagung	14
Die „12 goldenen Worte" in meinem Leben	16

1. Pubertät — 21
2. Selbstachtung und Selbstwert — 26
3. Vertrauen in mich und andere Menschen setzen — 30
4. Das Leben genießen dürfen — 32
5. Mein eigenes Wesen erkennen und annehmen dürfen — 36
6. Anderen Menschen behilflich sein — 38
7. Die Natur achten und wertschätzen — 40
8. Das Tor zum Bewusstsein öffnen — 42
9. Mitgefühl für alle Wesen entwickeln — 45
10. Sich mit seinen Stärken und Schwächen auseinandersetzen — 47
11. Seine Berufung finden — 49
12. Dem Lebenspartner begegnen — 51
13. Schwangerschaft und Geburt — 57
14. Ein neues Wesen entdeckt die Welt — 61
15. Die Elternrolle als Verantwortung sehen — 63
16. Was tun bei Krisen? — 66

17.	Lernaufgaben in schwierigen Situationen erkennen	69
18.	Den Übergang zur Menopause (Wechseljahre) als natürlich annehmen	73
19.	Wertvolle Tätigkeiten und Aufgaben in der Pension (Rente) finden	76
20.	Wertschätzung und Achtsamkeit auch im Alter zeigen	81
21.	Frieden in mir selbst finden und ihn und ihn nach außen bringen	86

33 Ideen, kurz zusammengefasst	88
Fallbeispiele	96
Befragungen zum Thema "Anerkennung und Wertschätzung"	102
Nachwort	112
Buchempfehlungen	115
Hilfreiche Links	118

Vorwort

Der 3. Ratgeber bildet den krönenden Abschluss meiner Trilogie „33 Tipps für die Menschen der neuen Zeit".
Dieser richtet sich nun an Jugendliche und Erwachsene, um den Übergang zur neuen Zeit trotz aller Herausforderungen, die an uns gestellt werden, leichter bewältigen zu können. Meine Erfahrungen zeigen mir, dass wir durch Liebe, Frieden in unserem Herzen und durch Freude am Tun das Leben leichter und freier gestalten können als durch Macht, Gier und Ignoranz. Deshalb finde ich es notwendig, dass wir den Jugendlichen und Erwachsenen wertschätzend und anerkennend begegnen. Wir sollten ihnen Werte vermitteln, ihnen Achtung und Respekt anderen gegenüber vorleben und sie als eigenverantwortliche und selbstständige Wesen anerkennen. Das heißt aber, dass auch der Erwachsene in die liebevolle Annahme gehen sollte, um ein freudvolles, harmonisches und erfülltes Leben zu führen ohne Schuldgefühle und ständigem Opferdasein!
Unsere eigene Kraft und Stärke zu entdecken bringt Selbstliebe, Selbstsicherheit und Selbstwert. In diesem Buch zeige ich Ideen und Möglichkeiten auf, um diese wertvollen Eigenschaften zu erwerben.
Möge es eine bereichernde, lehrreiche und erfüllende Lektüre für meine Leser/-innen sein!

Einführung

47 Jahre Arbeit mit Kindern, Jugendlichen und Erwachsenen haben mir gezeigt, dass die Anerkennung und Wertschätzung von Menschen für mich ein herausragendes Thema war, ist und immer sein wird. Erstens habe ich selbst in meinen Jugendjahren in der Mittelschule demütigendes und nicht anerkennenswertes Verhalten kennen gelernt und es kam zu folgenden Gedankenmustern in mir, wie: "Ich bin nicht gut genug" oder "Ich anerkenne mich selbst zu wenig". An der Auflösung musste ich hart arbeiten und somit möchte ich es vielleicht dem einen oder anderen Leser ersparen, solche Erlebnisse machen zu müssen.

Oftmals sind die Erwartungen anderer an uns Stolpersteine für ein freudvolles, wunderbares Leben. Frieden im Leben zu finden und zu erkennen, wer Sie sind und nicht was andere aus Ihnen machen möchten, ist ein erster Schritt dazu. Das, was Sie ausmacht, Ihre ureigene Seele, ist die wichtigste Erkenntnis in diesem Erdendasein. Erfahren Sie Gutes, tun Sie Gutes, es kommt vielfach zu Ihnen zurück. Ein besonderes Erlebnis der Freude und Liebe ist das Miteinander, nicht das Gegeneinander. Bleiben Sie Ihren Erfahrungen treu, sie zeigen Ihnen das Erlebte, Ihre Momente des Glücklichseins, der Anerkennung für Sie und andere und der Wertschätzung Ihnen selbst und anderen gegenüber. Achten Sie auf sich und Sie werden Achtsamkeit erleben. Stellen Sie sich selbst an die erste Stelle, dann bekommen Sie den richtigen Stellenwert in Ihrem Leben und Sie sind zur rechten Zeit am richtigen Ort und tun das für Sie Passende. Niemand hindert Sie daran, die Eigenschaften zu genießen, die Sie sich im Herzen so sehnlich wünschen, wie Zuneigung, Geborgenheit, Eingebettet sein in eine große friedvolle Gemeinschaft, wo jeder jeden wertschätzt ohne wenn und aber, bedingungslos liebend, sich des Lebens erfreuend, nichts verurteilend oder beurteilend. Ein angenehmer Gedanke für Sie, einfach zu sein, wer Sie sind, fröhlich, ausgelassen wie ein Kind, staunend, Wunder erlebend, in Entzücken geratend, im Moment lebend, nichts hinterfragend.

Dieses Kind, das Sie seit der Geburt sind und immer sein werden, zeigt Ihnen, wie sehr Sie sich von ihm leiten und führen lassen (es fühlt sich wohl, ist lustig, fröhlich, gut gelaunt, liebevoll, verständnisvoll) oder von ihm abgewandt haben (es ist traurig, einsam, fühlt sich im Stich gelassen, trotzig, zornig, voller Groll).

Ihre INNERE FRAU oder Ihr INNERER MANN haben nun die FÜHRUNG für dieses kleine Kind in Ihnen übernommen und geben ab nun Ihrem Inneren Kind all die Liebe und Zuneigung, die es so dringend benötigt. Die Aufgabe der jetzigen Inneren Eltern wird es sein, immer für das Wesen da zu sein, wenn es Hilfe benötigt, alle Fragen, die es hat, zu beantworten, es zu führen und zu leiten, wie ein

zartes Pflänzchen, das aus der Erde sprießt und durch liebevolle Pflege zu einem wertschätzenden Jugendlichen und Erwachsenen heranreifen darf.
In diesem Prozess wird auch öfters der INNERE KRIEGER auftauchen, wie ein Rebell, der voller Zorn und Widerstand ist. Zeigen Sie ihm, wo seine Grenzen sind aber auch wo er über seine Begrenzungen hinauswachsen möchte. Führen Sie ihn zu einem friedlichen Dasein mit der hawaiianischen Methode HO`OPONOPONO, einem Vergebungsritual aus Hawaii. Sie besteht aus vier verschiedenen Schritten und funktioniert folgendermaßen:

*) Ich vergebe dir in mir (mir in dir)
*) Es tut mir leid in mir (in dir)
*) Ich liebe dich in mir (in dir)
und ich ergänze noch:
*) Ich übergebe an die höchste Ebene, dem Schöpfer!

Nun nähern Sie sich immer mehr dem INNEREN WEISEN in Ihnen, Ihrer Seele, die alles gespeichert hat, seit Sie erschaffen wurden. Hören Sie auf sie, sie ist weise. Sie lässt Sie solange gewähren, bis Sie selbst bemerken, dass Sie von Ihrem Seelenweg abgekommen sind, sei es durch Krankheit, Verletzung oder Unfall. Diese, Ihre Seele, ruft Sie, das zu tun, wofür Sie in dieses Leben gekommen sind. Sie ist Ihr ständiger Begleiter.

In Ihrem Leben ereignen sich oftmals magische Momente, die wie Wunder auf Sie wirken mögen. Da ist Ihr INNERER MAGIER zugegen. Lassen Sie alles zu, hinterfragen Sie nichts, das Leben ist zu schön und manchmal zu kurz, um alle Wahrheiten zu finden.

Sind Sie mit den vorher erwähnten Archetypen in Balance, dann setzt der INNERE HEILER ein, um sich mit Ihnen zu freuen, Ihre Seele, Ihren Körper und Ihren Geist in der Einheit zu erleben. Sie dürfen sich feiern, Sie haben es geschafft, in Ihrer Eigenverantwortung zu leben!

Danksagung

Dieses Buch widme ich mir selbst als Dank für all die vielen Herausforderungen, die das Leben an mich gestellt hat, und die ich bravourös gemeistert habe. Es ist mir ein großes Anliegen, die Erkenntnisse an Sie weiter zu geben, um Sie ein Stück Ihres Weges begleiten zu dürfen. Natürlich gilt mein Dank allen Klienten und Klientinnen, die ich in den letzten 17 Jahren im Institut33 kennen lernen durfte und durch die Arbeit mit ihnen mein Erfahrungsschatz bereichert wurde.

Ein herzliches Dankeschön auch an meine Begleiter in diesem Buch, wie meinem lieben Mann Peter, der mich in allem unterstützt, wie auch meiner Tochter Claudia, meiner Schwester Barbara, die das Lektorieren übernommen haben. Auch Yela, meine Tochter und Daniel, mein Schwiegersohn, haben dem Buch noch den letzten Feinschliff gegeben.

Sabine Knoll und Manfred Greisinger haben mir im Seminar "Schreiben und Buchwissen kompakt in 6 Tagen" auf La Palma den Anstoß gegeben, es fertig zu stellen und neue Erkenntnisse zu gewinnen. Vielen Dank!

Zum Abschluss danke ich allen, die an der Befragung teilgenommen und die Fallbeispiele beigesteuert haben.

Die „12 goldenen Worte" in meinem Leben

Während des Seminars „6 Tage Schreiben und Buchwissen kompakt" in La Palma, gab es ein Brainstorming: „Finde die 12 goldenen Worte, die dir so wichtig sind, dass du dafür viel geben würdest!"

(1) Das wichtigste Wort in meinem Leben ist LIEBE, die bedingungslose nicht vereinnahmende, sondern die fließende. Alles darf sein, genießen, frohlocken, empfangen, geben, den anderen akzeptieren wie er ist, nie verletzen, seinem WAHREN ICH treu bleiben – mit der Seele kommunizieren – Verstand – Herz- und Bauchgefühl in Einklang bringen.

(2) Das zweitwichtigste Wort in meinem Leben ist FRIEDEN. Frieden im Herzen zu schaffen bringt Ausgeglichenheit, Ruhe, Gelassenheit, Balance im Leben und Stille. In der Stille liegt die Kraft und wer es schafft, in diese einzutauchen findet einen besonderen Schatz: SICH SELBST.

(3) FREUDE ist mein drittwichtigstes Wort und dieses zaubert mir ein Lächeln auf meine Lippen. Freude ist für mich LEBEN PUR, überschäumendes, wohlwollendes und freudvolles SEIN, die Natur, DELPHINE, ein BABY, STAUNEN, ENTZÜ-

CKEN, LIEBEN, HERZEN, KÜSSEN – KUSCHELN, FREUDIGES ERREGT-SEIN, WUNDER DÜRFEN GESCHEHEN.

(4) Ohne Freude gibt es für mich keinen ENTHUSIASMUS, das viertwichtigste Wort für mich. Das bedeutet, mich für die DINGE für die man brennt, zu begeistern, es zu schaffen, andere ins Boot zu holen – niemals NIE zu sagen – seinen Empfindungen, Gefühlen freien Lauf zu lassen, alles aus sich herauszuholen, was an Schätzen und WISSEN vorhanden ist.

(5) Das Wort SEGEN habe ich durch die BESCHÄFTIGUNG mit der HUNA-LEHRE wertschätzen und lieben gelernt. Das ganze LEBEN ist für mich ein SEGEN – von früh bis spät alles zu loben, zu preisen, dankbar zu sein für alles, was mir das LEBEN bietet, auch für die Herausforderungen, an denen ich wachsen und jedes Mal ein Stückchen weiter meines Weges gehen darf.

(6) Was wäre das Leben für mich ohne FRÖHLICHKEIT. Ich wache frohgemut auf, stelle mir den Tag vor wie er mich fröhlich stimmt und lasse mich mit freudiger Stimmung auf die nächsten Erfahrungen und Erlebnisse ein, die er mir bringen wird. Abends lege ich mich ins Bett und lasse den Tag REVUE passieren und lobe mich für alles, was mir FRÖHLICHKEIT beschert hat.

(7) All diese Worte davor bringen mich zum siebenten wichtigen Wort, zum ERKENNEN. Durch LIEBE, FRIEDEN, FREUDE, ENTHUSIASMUS, SEGEN und FRÖHLICKEIT, erkenne ich mein eigenes SEIN, MEIN WAHRES WESEN, MEINE STELLUNG IN DER FAMILIE, IN DER PARTNERSCHAFT, IM FREUNDESKREIS, IM BERUF UND IN DER GESELLSCHAFT. DIESER PROZESS DES ERKENNENS hört niemals auf, es ist ein LEBENSLANGER.

(8) Das Wort FÜHLEN, ist mein achtwichtigstes Wort. Ohne Gefühl bin ich NICHTS. Fühlen bedeutet für mich NÄHE, BERÜHRT WERDEN, FREUDIGES ERLEBEN, GÄNSEHAUT, HAUTNAH mir selbst und dem Gegenüber begegnen, in sich erfühlen, mit anderen mitfühlen, gefühlt werden – sich entblößen dürfen – seine SEELE zeigen dürfen.

(9) Mein neuntwichtigstes Wort ist ANTWORTEN. Die Antworten auf die Fragen des Lebens liegen in mir selbst. Ich kann Meinungen einholen, sie durchforsten, aber sie sind nicht die Antworten auf die Fragen, die das Leben an mich stellt. Nur durch meine Erfahrungen kann ich entdecken, was mir wichtig ist und was nicht.

(10) Mein zehntwichtigstes Wort ist FRAGEN. Ich frage mich täglich, was ist jetzt wichtig für mich,

was ist zu tun? Die Antworten kommen zumeist aus meiner Seele. Folge ich ihr, geht es mir gut, arbeite ich dagegen, muss ich die Folgen tragen. Ich bin wie ein offenes BUCH, Fragen über Fragen prasseln ununterbrochen auf mich ein, um immer wieder feststellen zu können, die essentiellste Frage ist: „Wer bin ich?" und wo liegt der

(11) SINN des Lebens? Nun bin ich beim wichtigsten Wort angelangt. Im Wort SINN steckt für mich SINNLICH SEIN, SINNVOLL das erreichen, was SINN macht, die SINNSUCHE, es macht SINN, sich zu ENTSINNEN, wer du wirklich bist! Ein besonderes, einzigartiges Wesen, das hier auf Erden lebt, um etwas SINNVOLLES zu tun.

(12) Der Abschluss meiner 12 goldenen Worte ist das LEBEN. Leben im HIER und JETZT, weder in der Vergangenheit, noch in der Zukunft, im MOMENT. Sonst geht das LEBEN an mir vorbei und ich habe nicht GELEBT. LEBEN heißt für mich auch alles zu geben, was mir in diesem LEBEN geschenkt wird. Die liebevolle Annahme von allem, was IST, die WERTSCHÄTZUNG dem Leben gegenüber, die alles übertrifft was an SCHÖNHEIT, REIZ, LIEBE, ENTHUSIASMUS, FREUDE, FRÖHLICHKEIT, SEGEN, FRIEDEN vorhanden ist.

FAZIT:
LEBE DEIN LEBEN, DANN KANNST DU AUCH DAS LEBEN ANDERER ANNEHMEN, WERTSCHÄTZEN UND BEREICHERN!

1. Pubertät

Eine große Herausforderung für die Jugendlichen und deren Umfeld ist die Zeit der Pubertät. Sie beginnt bei jedem jungen Menschen zu einem anderen Zeitpunkt und diese Periode wird auch von jedem individuell erlebt und durchlaufen. Es hängt sehr davon ab, wie die Eltern mit der Tatsache fertig werden, dass beim Sohn oder bei der Tochter ein Ablösungsprozess beginnt, der sie schlussendlich befähigen soll, ein eigenständiges und eigenverantwortliches Leben zu führen. Daher ist es meiner Meinung nach besonders wichtig, Vertrauen in den jungen Menschen zu haben. Wenn Sie viel mit ihm kommunizieren, seine/ihre positiven Seiten hervorheben, aber auch Gefahren aufzeigen, die auf ihn oder sie zukommen können, wie z. B. Drogensucht, Esssucht, Mediensucht etc., haben Sie schon eine Menge getan. Dazu gehört auch das Interesse an seinem/ihrem Freundeskreis und an seinen/ihren schulischen Leistungen. Außerdem wäre es empfehlenswert, ihm/ihr Lösungsstrategien anzubieten, wenn Konflikte mit Freund/-innen oder in der Schule auftreten. Das ist nicht immer leicht, da die Eltern oft selbst im Beruf herausgefordert werden und ihre eigenen Probleme bewältigen sollen. Aber durch liebevolle Zuwendung und Gespräche, bei denen Sie sich ernsthaft Zeit für den/die Jugendlichen nehmen, bekommen Sie einen Einblick in die Gedankenwelt der Tochter oder des Sohnes sowie in ihr soziales Umfeld. Wichtig ist, dass Sie selbst im Gleichgewicht sind, um aus einer gelassenen Haltung heraus auf die anstehenden Probleme eingehen zu können. Halbherziges Zuhören bringt nicht den erwarteten Erfolg.

> **Meine 1. Idee:** Nehmen Sie sich täglich Zeit, um mit Ihrem Sohn/Ihrer Tochter verständnisvolle Gespräche zu führen, ihn/sie bei auftretenden Problemen zu beraten und beiderseitiges Vertrauen aufzubauen.

Welche Probleme können bei den Jugendlichen auftreten?
Wenn z. B. das Vertrauen in Vater oder Mutter verloren gegangen ist, wendet sich der junge Mensch meist mehr nach außen und holt sich vom Freundeskreis, Bekannten oder anderen Personen im Umfeld Ratschläge ein, die nicht mit den Ansichten der Eltern übereinstimmen müssen. Das erzeugt oftmals bei den Erwachsenen Eifersucht, Wut, Zorn, Unverständnis etc. Da heißt es sehr sensibel auf den Jugendlichen zuzugehen, um das Vertrauen wieder zurück zu gewinnen. Wiederum sind Gespräche das Sinnvollste in so einer Situation. Erzählen Sie von Ihrer eigenen Zeit als Pubertierende/r, dadurch lockern Sie die Atmosphäre auf und Sohn oder Tochter stellen fest, dass auch Sie Schwierigkeiten mit den Eltern, Freund/-innen oder Lehrer/-innen hatten, und dass diese zu bewältigen sind.

Meiner Erfahrung nach ist es wichtig, den jungen Menschen in dieser Zeit der Entwicklung des geistigen und körperlichen Wachstums, folgende Eigenschaften und Verhaltensmaßnahmen mitzugeben: Achtsamkeit, Wertschätzung, Lebensfreude, Selbstbewusstsein, Selbstliebe, Selbstsicherheit, Zusammenhalt, Vergebung sich selbst und den anderen gegenüber, Frieden in sich selbst finden und mit anderen schließen, gesunde Ernährung, auf den Körper achten, Mitgefühl allen Lebewesen gegenüber entwickeln, Toleranz üben, Kritik einstecken lernen, und noch viele andere mehr.

Wir Erwachsenen sind gefordert zu überprüfen, wo und wann wir unsere Egostrukturen, wie Macht, Gier, Neid, Eifersucht, Wut, Zorn, Groll oder Kontrollausübung einsetzen. Wenn wir uns selbst beobachten, werden wir mit der Zeit erkennen, wo unsere Schwachpunkte sind. Der nächste Schritt ist, sie anzunehmen, aufzulösen und neue Gedankenmuster daraus zu weben (siehe 2. Ratgeber). Es gibt viele Methoden und Wege, die dabei helfen können. Mein persönlicher erster Schritt war die Beschäftigung mit der HUNA-Lehre (Hawaiianische Lebensphilosophie – siehe Buchempfehlungen).

Ich probierte immer wieder neue Wege aus und kam daher zum nächsten bestmöglichen Schritt. Egal, welche Techniken oder Methoden Sie anwenden: Wichtig ist, es konsequent zu machen!

Die Schamanen Hawaii`s, die so genannten Kahunas, haben schon vor Tausenden von Jahren gewusst, was C. G. Jung im 20. Jahrhundert wieder entdeckt hat:
Nämlich, dass unsere Persönlichkeit durch Archetypische Figuren unseres Unterbewusstseins geprägt wird. Diese Archetypen symbolisieren jeweils eine besonders charakteristische Seite unserer Persönlichkeit und bilden in ihrer Gesamtheit die einzigartige und unverwechselbare Struktur unseres „Ich".
Nach der hawaiianischen Lehre der Kahunas kann man zum Beispiel folgende Archetypen feststellen: Inneres Kind, Innere Frau, Innerer Mann, Innerer Krieger, Innerer Weise, Innerer Heiler, Innerer Magier.
Durch die Erfahrungen, die wir in diesem oder auch in früheren Leben gemacht haben, werden diese Archetypen verändert. Dies kann durch Verstärkung positiver Erlebnisse eine günstige Auswirkung auf Körper, Geist und Seele haben. Bei negativen Erlebnissen wie Verletzungen, Enttäuschungen, Missbrauch, Unterdrückung usw., werden diese Energien in den entsprechen Archetypen gespeichert. Genau hier setzt nun die HUNA-Lehre ein – das ist das Wissen der Kahunas über Heilweisen und Lebensphilosophie. Durch Aufspüren der negativen Aspekte der Archetypen können Blockaden und Traumata gelöst, psychische Verletzungen geheilt, Selbstbewusstsein

gestärkt und insgesamt mehr Lebensfreude geschenkt werden.

Meiner langjährigen Erfahrung nach, mit mir selbst und meinen Klient/-innen, kann ich immer wieder feststellen, dass es vorwiegend an dem Befinden unseres „Inneren Kindes" liegt, wie wir uns selbst behandeln, liebevoll oder nicht! Das „Innere Kind", das seit der Geburt in uns wohnt, bekommt von Anfang an alles mit, was die Erwachsenen um es herum sprechen, wie sie handeln, welche Glaubensmuster sie praktizieren, welche Eigenschaften und Charaktermerkmale sie weitergeben. Dieses kleine Kind sucht sich diejenigen heraus, die im Moment passend für es sind, um sich vor der Außenwelt zu schützen. Im Laufe der Entwicklung vom Kind zum Erwachsenen hat es eine Menge Gedankenmuster und Verhaltensweisen angenommen, die ihm im späteren Leben hinderlich sein können. Um diese wieder loszuwerden, braucht es große Disziplin, Mut und Ausdauer. Deshalb ist es so wichtig, den Jugendlichen seine/ihre eigenen Entscheidungen im Austausch mit dem Erwachsenen treffen zu lassen und sie nur vor Gefahren zu warnen! Dazu gehört eine große Portion Vertrauen in Sohn oder Tochter, um sie auf den für sie richtigen Weg zu führen!

> **Meine 2. Idee:** Begegnen Sie Ihrem Jugendlichen mit Achtsamkeit und Wertschätzung!

2. Selbstachtung und Selbstwert

In den Pubertätsjahren sollten sich im Jugendlichen folgende zwei wichtige Eigenschaften entwickeln dürfen: Selbstachtung und Selbstwert. Um sich selbst achten und wertschätzen zu können, braucht der junge Mensch liebevolle Zuwendung, Achtsamkeit von den Personen, die ihn umgeben und einfach die Annahme, so wie er ist. Je mehr ich die positiven Eigenschaften hervorhebe, desto mehr kann das Vertrauen gestärkt werden und der nächste Schritt im Wachstumsprozess wird leichter und freudiger angenommen.

Es ist wichtig, Sohn oder Tochter die eigenen Erfahrungen machen zu lassen, ihm oder ihr nur Hinweise zu geben, wo es Gefahren geben könnte oder wo Sie aus Ihren eigenen Erlebnissen erzählen können. Wenn Sie persönlich Ihren eigenen Weg gefunden haben, leben Sie Ihrem Jugendlichen vor, wie es am besten für Sie funktioniert hat. Es ist besonders interessant, dass Eltern, die ihre Kinder ständig zum Lernen auffordern und ihren Ehrgeiz an sie weitergeben möchten, oft genau das Gegenteil erreichen. Da heißt es klug zu handeln, sich selbst nicht ständig zu überfordern sondern auch Ruhe- und Entspannungsphasen in den Alltag einfließen zu lassen. Beobachten Sie, welche besonderen Begabungen oder Potentiale in Ihrem Sohn oder Ihrer Tochter hervortreten.

Fördern Sie diese und versuchen Sie die richtigen Schulen zu finden, wo sie ihre Talente so richtig entfalten können. Daneben gibt es viele Möglichkeiten, die Freude an der Schule zu erhalten, wenn das Freizeitprogramm mit Tätigkeiten gefüllt wird, die Spaß machen. Bitte aber keine Überforderung!

> **Meine 3. Idee:** Fördern Sie die Talente Ihrer Tochter/Ihres Sohnes, überfordern Sie sie/ihn nicht mit zu vielen Freizeitaktivitäten und achten Sie auf freudvolle Wege und eine Prise Humor!

Wie stärke ich nun den Selbstwert? Zunächst stelle ich mir selbst die Fragen: Schätze ich mich selbst? Achte ich auf mich? Nehme ich mich selbst an, wie ich bin? Meistens bemerken wir nicht einmal, wie oft wir uns selbst verletzen und ständig in der Annahme sind, wir werden von den anderen verletzt! Nur die Eigenverantwortung enthebt uns jeglicher Schuldfrage. Was löst es in mir aus, wenn mein Kind Verhaltensweisen an den Tag legt, mit denen ich nicht einverstanden bin? Handle ich selbst auf diese Weise oder ist gerade dieses Verhalten in mir selbst nicht angelegt, und ich würde es gerne in mir selbst entwickeln? Wenn ich sorgfältig darüber nachdenke, was für mich zutrifft, dann kann ich auch dem Jugendlichen weiter helfen. Wir können alle Verhaltensweisen von den Personen in unserer Umgebung gespiegelt bekommen, die wir den anderen vorleben oder die wir noch nicht zeigen können. Lernen wir aus den täglichen Begegnungen mit unseren Mitmenschen, beobachten wir sie! Dann können wir entscheiden, ob es für uns passend ist oder nicht. Ständig in Konflikten zu leben ist sehr nervenaufreibend und letztendlich bringt es keine Besserung. Setzen wir uns am Abend mit uns selbst auseinander, gehen wir die Ereignisse des Tages vom Abend bis zum Morgen, vielleicht sogar schriftlich, durch. Heben wir hervor, was wir wirklich gut geschafft haben. Aber auch wo wir uns noch mehr um bessere Konzentration, mehr Spaß und Freude bei der Arbeit, mehr Aufmerksamkeit gegenüber den Familien-mitgliedern oder Arbeitskolleg/-innen etc. bemühen sollten. Wenn ich das täglich einige Zeit lang durchhalte, kann ich meine persönlichen Fortschritte feststellen, sehe aber auch, wo ich noch dazulernen darf! Wir sind immer wieder Schüler und Lehrer gleichzeitig! Einer lernt vom anderen und wir sollten dankbar dafür sein. Es ist sehr schön, dem Jugendlichen zu sagen, dass man auch von ihm eine Menge lernen darf. So investiert man wieder in das Vertrauen, das man auch hundertfach zurückbekommt.

Meine 4. Idee: Stärken Sie Selbstwert und Selbstachtung in sich selbst und leben Sie diese Eigenschaften Ihrem Jugendlichen vor! Setzen Sie Prioritäten und halten Sie sie schriftlich fest!

Für mich ist die Gedankenkontrolle eines der wichtigsten Werkzeuge geworden, die ich entwickelt habe.

In letzter Zeit habe ich mir angewöhnt, schon in der Früh beim Aufstehen, nachdem ich meine geistigen Übungen, meistens die Methoden der „Geistigen Homöopathie nach Grigori Grabovoi®" absolviert habe, die wichtigsten Prioritäten für den Tag zu überlegen und mich danach zu richten! Eventuell auch schriftlich fest zu halten, denn Sie wissen ja: Der Mensch vergisst sehr schnell in der Hektik des Tages! Deshalb liegt immer ein Block in der Nähe meines Schlafplatzes.

Meine 5. Idee: Versuchen Sie so oft wie möglich die positiven Verhaltensweisen Ihres Jugendlichen hervorzuheben, dadurch wird sein Selbstwert gestärkt.

3. Vertrauen in mich und andere Menschen setzen

Wie bekomme ich genug Selbstvertrauen, um die Aufgaben, die vom Leben an mich gestellt werden oder die ich mir selbst vorgenommen habe, zu bewältigen? Viele Gedankenmuster zu diesem Thema sind oft nicht die, die wir selbst geschaffen haben. Wir haben sie vielleicht zu einem früheren Zeitpunkt von den Erwachsenen um uns herum angenommen, zu einem Zeitpunkt als wir noch abhängig waren. Das können Eltern, Großeltern, Lehrer/-innen, Arbeitgeber/-innen, oder auch die Medien gewesen sein. Auf jeden Fall sollten wir sie spätestens dann auflösen, wenn sie uns an unserem nächsten Zielpunkt, den wir erreichen möchten, hindern. Da gibt es viele Möglichkeiten wie zum Beispiel die Dynamind Technik von Serge Kahili King (siehe Buchempfehlungen), wo man bestimmte Meridianpunkte am Körper berührt und klopft und dadurch das alte Gedankenmuster auflöst. Wichtig ist, sich eine neue Affirmation oder Suggestion zu überlegen, wie z. B. „Ich setze großes Vertrauen in mich selbst und andere!" Wenn ich mir diesen Satz im Laufe des Tages immer wieder ins Gedächtnis rufe, programmiere ich das Unterbewusstsein auf das Neue um. Wirklich integriert habe ich es aber erst, wenn ich es emotional und mental verarbeitet habe. Da heißt es sehr aufmerksam zu beobachten, ob ich das Vertrauen zu mir selbst schon habe oder ob ich das fehlende Vertrauen noch durch Personen oder Situationen gespiegelt bekomme. Wenn in meiner Kindheit viel Vertrauen in mich gesetzt wurde, dann kann ich es auch als Erwachsene/r zeigen. Daher versuchen Sie immer wieder das Vertrauen in Ihrem Jugendlichen zu stärken, indem sie ihm auch Situationen zutrauen, die Sie selbst ängstlich machen oder die sie sich nicht zutrauen würden. Oftmals sind wir so in unseren Denk- und Verhaltensweisen gefangen, dass wir nicht merken, wie wir diese an unsere Kinder weiter geben. Im Erwachsenenalter sind diese Muster oftmals Stolpersteine zu einem befriedigenden und glücklichen Leben.

Wenn wir das Vertrauen in uns selbst stärken, können wir auch das Vertrauen in andere entwickeln. Das heißt, wir wissen dann genau, wem wir vertrauen können und bei wem Vorsicht geboten ist! Denn blindes Vertrauen kann uns in Schwierigkeiten bringen.

Meine 6. Idee: Vertrauen Sie sich selbst, trauen Sie Ihrem Jugendlichen zu, seine eigenen Erfahrungen zu machen aber vermitteln Sie ihm auch die Botschaft, anderen nicht blind zu vertrauen!

4. Das Leben genießen dürfen

Stellen Sie sich vor, wie es wäre, wenn Sie Ihr Leben voll genießen könnten! Sie verurteilen und beurteilen nichts und niemanden, sondern entscheiden sich nur mehr für das, was für Sie stimmig ist. Natürlich dürfen Sie anderen keinen Schaden damit zufügen. Das ist das oberste Prinzip in der HUNA-Lehre. Wäre dann das Leben nicht fantastisch? Sie kommen in Ihr wahres Selbst und dürfen authentisch, offen, kreativ und ehrlich Ihre Fähigkeiten, Talente und Ihr Potential leben! Wünschen wir uns nicht genau das? Was fehlt uns zu einem glücklichen, ausgeglichenem Dasein? Vielleicht erlauben wir es uns nicht, glauben, dass andere Schuld an unseren Problemen oder Hindernissen haben? Möglicherweise sehen wir uns als einen Pechvogel an? Hier gibt es viele Übungen, wie ich z. B. einen Pechvogel in einen Glückspilz umwandeln kann. Wenn ich immer wieder die Erfahrung gemacht habe, nur Pech zu haben, dann fällt es mir natürlich schwer, das Gegenteil zu glauben. In diesem Fall wäre es angebracht, aufzuschreiben und zu visualisieren, wie ein Leben als Glückspilz aussehen kann. Täglich stelle ich mir die neue Situation immer wieder vor, so kann ich mit der Zeit mein Glaubensmuster vom Pechvogel in den Glückspilz umwandeln. Natürlich sollte ich das mit allen Sinnen tun, es also sehen, hören, fühlen, schmecken und begreifen können. Hier stelle ich

Ihnen eine von mir erfundene Methode vor, um dieses Ziel erreichen zu können:

*) Sie zeichnen sich einen Glückspilz, malen ihn in den schönsten Farben an, hängen ihn im Zimmer auf, wo Sie ihn öfters am Tag immer wieder sehen können.
*) Sie hören andere sagen, was für ein Glückspilz! Immer wieder hören Sie diese Botschaft. Sie könnten den Satz: „Ich bin ein Glückspilz" auch auf einen MP3 Player sprechen und sich diesen öfters in der Woche anhören.
*) Sie spüren in sich, was es heißt, ein Glückspilz zu sein und versuchen diesen Zustand während des Tages noch mehr zu spüren und es täglich zu steigern. Solange, bis Sie das Gefühl haben, Sie sind der Glückspilz!
*) Sie schmecken den Begriff Glückspilz! Vielleicht fällt Ihnen auch eine Farbe dazu ein (z. B. ein roter Pilz), da können Sie Ihrer Fantasie freien Lauf lassen!
*) Zum Schluss würde ich mir einen Pilz besorgen, egal ob es ein echter oder eine Miniaturausgabe davon ist und ihn immer wieder mal berühren!
Sie sehen also an diesem einfachen Beispiel, welche Möglichkeiten wir haben, unerwünschte Gedankenmuster in erwünschte umzuwandeln! Probieren Sie es aus, es macht Spaß, Erfahrungen damit zu sammeln!

Meine 7. Idee: Lösen Sie mit allen Sinnen Gedankenmuster auf, die Sie nicht mehr benötigen! Seien Sie kreativ dabei!

Sie lassen Freude in Ihr Leben ein. Das heißt, Sie stehen frühmorgens lustig und vergnügt auf, nehmen sich einige schöne Dinge vor, die Sie für sich selbst tun möchten, auch solche, um anderen eine Freude zu bereiten. Nehmen Sie das Leben von der heiteren Seite, Unangenehmes kommt ohne Ihr Zutun sowieso. Wenn Sie aber in Ihrer Mitte sind, ruhig und ausgeglichen, dann haben Sie für die Probleme schneller eine Lösung parat. Lachen Sie aus voller Herzenslust und stecken Sie damit Ihre Umgebung an! Ich höre Sie schon sagen: „Aber ich habe nichts zu lachen in meiner jetzigen Situation." Das stimmt vielleicht, aber Sie kommen viel schneller wieder in eine positive Stimmung, wenn Sie über sich selbst lachen können! Vor allem fällt Ihnen durch konsequentes Üben in einer schwierigen Lage das Richtige ein, wie sie das Beste tun können für sich und alle Beteiligten. Mir hat bei solchen Gelegenheiten immer geholfen, das Positive an der Situation zu sehen und nicht nur meinen begrenzten Verstand einzusetzen. Wenn Sie mit Herzensliebe an Herausforderungen herangehen, dann wird es für Sie leichter, diese positiv zu erledigen!

Meine 8. Idee: Verbreiten Sie schon in der Früh eine positive Stimmung, holen Sie ihre Familienmitglieder mit ins Boot und genießen Sie die heiteren und freudigen Stunden Ihres Lebens! Lachen Sie aus voller Herzenslust und genießen Sie das Wohlgefühl dabei!

5. Mein eigenes Wesen erkennen und annehmen dürfen

Wie erkenne ich nun mein eigenes Wesen?
Das ist gar nicht so leicht, weil wir möglicherweise nicht das sein durften, was wir sind, nämlich wunderbare Wesen voller Licht und Liebe! Für mich war das Wichtigste im Leben, mich mit meinem Unterbewusstsein und mit meinem Höheren Selbst zu verbinden, das heißt mit meiner Seele zu kommunizieren, um meiner Berufung nachzugehen. Das sollte aber mindestens dreimal wöchentlich geübt werden, ansonsten kommt man wieder allzu schnell in die Position des Autopiloten, das heißt man handelt automatisch und nicht bewusst.
Natürlich können sich auf diesem Weg Dornen und Gestrüpp zeigen, wie es die Kahunas, die hawaiianischen Schamanen, nennen. Damit meinen sie Gedanken- und Verhaltensmuster, die wir uns angeeignet haben, um uns zu schützen, die uns aber in der jetzigen Phase hinderlich sind. Hier wäre es hilfreich zu hinterfragen, wann diese Situationen aufgetreten sind und diese dann gezielt zu bearbeiten. Dazu gibt es viele Techniken und Methoden, wie z. B. Schocks und Traumata Auflösung, die Dynamind Technik von Serge Kahili King, oder auch russische Methoden nach Grigori Grabovoi, die sie anwenden können. Wichtig ist auf jeden Fall, Konsequenz und Durchhaltevermögen in der Anwendung (Übung) aufzubringen.

Durch die Kontrolle unserer Gedanken, das Loslassen der Vergangenheit und die Konzentration auf die Zukunft, kommen wir dort an, wo wir sein sollten, nämlich in der Gegenwart, im Hier und Jetzt. Das heißt, wir leben wie die Kinder, machen nur das, was im Moment wichtig ist. Wie schön kann das Leben sein, voller Neugierde, Staunen, Enthusiasmus, Lebensfreude, Genuss, Vergnügen. Keine Sorgen zu haben, was wird am nächsten Tag sein, sondern den einzigartigen Moment zu genießen! Probieren Sie das einmal aus! Es ist eine wunderbare Erfahrung, sich nur auf das zu konzentrieren, was Sie im Augenblick tun!

Meine 9. Idee: Lassen Sie die Vergangenheit los, leben Sie voll und ganz in der Gegenwart, um jede Minute Ihres Lebens zu genießen und dadurch gestalten Sie automatisch auch Ihre positive Zukunft!

6. Anderen Menschen behilflich sein

Meine schönsten Erfahrungen und Erlebnisse hatte ich immer wieder, wenn ich mit meinen Techniken und Methoden und meinen persönlichen Beratungen helfen konnte, das Leben meiner Klienten und Klientinnen zu verbessern. Wie oft konnte ich bemerken, dass auch ich etwas aus diesen Situationen gelernt habe, vor allem mein Wissensrepertoire wurde erweitert. Deshalb ist es wunderbar, anderen in irgendeiner Weise behilflich zu sein! Mögen es auch nur kleine Handreichungen sein, wie z. B. die ältere Nachbarin zu fragen, ob man ihr vom Einkauf etwas mitbringen kann oder einem gebrechlichen Menschen über die Straße zu helfen. Auch ein aufbauendes, anteilnehmendes Gespräch mit einem depressiven Menschen zu führen, ihn mit einem lustigen Film aus seiner unangenehmen Lage heraus zu holen, wäre eine weitere Möglichkeit. Ich habe in meiner Arbeit allein erziehenden Müttern am besten helfen können, wenn Sie weniger für die Beratungen gezahlt haben, dadurch konnten Sie sich weitere Termine leisten. Lassen Sie Ihre Fantasie spielen!
Wenn Sie täglich am Abend den Ablauf Ihres Tages Revue passieren lassen, können Sie feststellen, ob Sie die Möglichkeit hatten, Menschen in irgendeiner Weise zu helfen. Meistens tun wir das unbewusst täglich, indem wir liebevoll an den Partner oder die Partnerin, an die Tochter oder den Sohn denken, ihnen einen schönen Tag, eine gut gelungene Schul-

arbeit wünschen, eine schwierige Arbeit bestens zu schaffen etc. Vielleicht haben Sie dazu noch weitere Ideen?
Wie gesagt, alles, was Sie anderen Gutes tun, kommt vermehrt zu Ihnen zurück, aber natürlich auch, wenn Sie das Gegenteil tun!

Meine 10. Idee: Helfen Sie anderen, es bringt große Befriedigung, fördert die Gemeinschaft und anerkennt die Bedürfnisse der anderen.

7. Die Natur achten und wertschätzen

Wenn wir tagtäglich unser Wohlbefinden steigern möchten, dann gehört für mich wie selbstverständlich ein täglicher Kontakt mit der Natur dazu. Versuchen Sie die Schönheit in den Pflanzen zu sehen, die Kraft der Tiere zu spüren, die Energie der Bäume zu nutzen, das Rauschen von Wasserfällen zu genießen, den bezaubernden Gesängen der Vögel zu lauschen, einfach die herrliche Waldluft einzuatmen! Ein großes Anliegen meinerseits ist, die Ressourcen der Erde achtsam und wertschätzend einzusetzen, damit unsere Nachkommen sie auch noch genießen dürfen! Hier genügt es schon, sich täglich Gedanken zu machen, wie trage ich zu einer ökologischen Wirtschaft bei? Trenne ich auch wirklich alle Abfallstoffe nach den vorgegebenen Richtlinien? Versuche ich in Wäldern Dosen, Flaschen oder sonstiges Material so zu entsorgen, dass keine Abfälle hinterlassen werden? Da gibt es viele Möglichkeiten, die wir oft außer Acht lassen! Wir verschmutzen die Meere und Ozeane ohne Rücksichtnahme auf die Lebewesen, die darin wohnen. Warum erzählen wir unseren Kindern nicht von den Gefahren des Machtmissbrauchs an Walen und Delfinen? Jeder einzelne von uns auf dieser schönen Mutter Erde ist aufgefordert, diese so zu erhalten, dass sich alle Lebewesen auf ihr wohl fühlen können. Da stellt sich täglich die Frage: „Brauche ich heute das Auto wirklich? Oder

verwende ich es nur aus Bequemlichkeit?" Gibt es auch andere Möglichkeiten zu meinem Arbeitsplatz, zum Freizeitsport, zu Freunden oder zu Bekannten zu kommen? Fangen wir bei uns selbst an und leben wir es unseren Nachkommen vor! Oft wissen Kinder viel besser, welche Verhaltensweisen wir an den Tag legen sollen, hören wir auf sie! Unsere Tochter Claudia hat mit vier Jahren zu meiner Mutter gesagt: „Schau, da hat jemand eine Bananenschale weggeworfen. Das tut man doch nicht!" Wie wahr!
Durch den Konsum von zu vielen angebotenen Nahrungsmitteln und dem Überangebot an Werbung in den Medien haben viele den einfachen, bescheidenen Weg aus der Mitte verloren und können gar nicht mehr so leicht aus dieser Falle heraus gelangen. Aber täglich einen kleinen Schritt zu einem nachhaltigeren Verständnis zu setzen, wäre schon ein großer Fortschritt.

Meine 11. Idee: Genießen Sie die Natur, achten und wertschätzen Sie die Ressourcen unserer Erde, damit wir und unsere Nachkommen uns auf ihr wohl fühlen können.

8. Das Tor zum Bewusstsein öffnen

Das ist ein für mich sehr wichtiges Kapitel. Wie schaffe ich es, ganz bewusst meine Gedanken zu kontrollieren, um nicht wieder in alte Gedankenmuster zurück zu fallen? Das ist leichter gesagt als getan! Ich kann Ihnen meine Methode schildern, die ich durch die Lehre der Kahunas für mich selbst herausgefunden habe.

*) Zuerst mache ich an mir täglich Gedankenhygiene: Ich lasse den Tag Revue passieren und lobe mich für die Dinge, die mir gut gelungen sind. Die Situationen, die mir durch meine Handlungen oder auch durch Personen im Außen gespiegelt werden, versuche ich zu analysieren: Inwieweit hängen sie mit meinen Gedankenmustern zusammen? Wann sind sie entstanden?

*) Danach schaue ich nach, in welchem Lebensalter sich diese Muster manifestiert haben. Ob es ein Schock oder ein Trauma war und ob andere Personen involviert waren. Danach löse ich durch das Bewusstwerden des Gefühls dazu diese Muster mit folgendem Satz auf: „Ich liebe und akzeptiere mich vom Herzen mit dem Gefühl der Wut, des Zorns, des Verlassenseins etc. und spüre es nochmals. Danach spreche ich folgenden Satz nach Serge Kahili King: „Womit immer es zu tun haben mag, ich verzeihe es voll und ganz, es spielt jetzt keine

Rolle mehr" und zusätzlich ergänze ich mit meinen Worten „Ich bin frei, alle Beteiligten sind frei, Frieden sei in mir, Frieden mit allen Beteiligten." Ich weiß auch genau, in welchem Körperteil es zu fühlen ist, welches Chakra daran beteiligt ist, aber auch, ob eine Karmalösung oder eine Seelenrückholung damit verbunden ist.

*) Nachdem ich die alten Muster aufgelöst habe, entsteht eine gewisse Leere, die ich mit positiven Gedanken der Liebe, der Freude, des Segens auffüllen kann. Da können nun viele Methoden zum Einsatz kommen, wie:
- Affirmationen: Ich bin geliebt
    Ich bin entspannt
    Ich bin friedlich
    Ich bin wunderbar und schön
    Ich erfreue mich meines Lebens
    etc.

Hier gibt es keine Beschränkungen.

- Hilfreich kann auch sein, eine Essenz (wie Blütenessenzen, AURA- Soma....) zu finden, die ich brauchen könnte
- Ein weises Buch zu entdecken, das mir weiterhilft
- Therapeut/-innen, Trainer/-innen aufzusuchen, die mir den nächsten Schritt zeigen können,
- Schüsslersalze zu nehmen (in der Apotheke zu bekommen)

- Russische Methoden anzuwenden, die in dem Buch „Geistige Homöopathie®" nach Grigori Grabovoi beschrieben werden (siehe Buchempfehlungen).

*) Meiner Erfahrung nach kommt man immer zum richtigen Therapeuten, auch wenn es über Umwege passiert.

Aber das Wichtigste kommt natürlich jetzt! Ohne Fleiß kein Preis! Sie müssen die oben angeführten Übungen anwenden, um Erfolg zu haben! Danach dürfen Sie sich belohnen!

Meine 12. Idee: Erweitern Sie Ihr Bewusstsein durch tägliche Gedankenhygiene, spüren Sie unerwünschte Muster auf, nehmen Sie sie an, fühlen Sie, wo Sie im Körper gespeichert sind und lösen Sie sie mit Ihnen vertrauten Methoden auf! Finden Sie einen neuen affirmativen Satz und nehmen Sie diesen in Ihr Repertoire auf!

9. Mitgefühl für alle Wesen entwickeln

Was bedeutet Mitgefühl für Sie? Für mich ist dieses Thema eine große Herausforderung gewesen. Darüber möchte ich Ihnen berichten:
Anfangs habe ich mit allen Menschen, die Leid erfahren hatten, mit gelitten und wollte ihnen ständig helfen. Danach habe ich mich immer wieder ausgelaugt gefühlt, während es der anderen Person, die Hilfe brauchte, viel besser gegangen ist. Erst nach jahrelanger Arbeit an mir selbst, habe ich erkannt, dass dieser Austausch einseitig ist und habe meine Ansichten darüber geändert.
Nun bin ich überzeugt, dass man Menschen, die Hilfe brauchen, Methoden und Anregungen anbieten kann, die sie dann aus Eigenverantwortung heraus nutzen können oder nicht. Wenn es gelingt, durch eigenes Vorleben oder Überzeugungskraft den anderen zu motivieren, dann wird auch der Erfolg nicht ausbleiben. Den eigenen ehrlichen Weg beschreiten kann nur jeder selbst. Daher ist Mitgefühl für mich, alles zu tun, was in der Situation möglich ist, aber niemals den anderen einzuschränken in seinen Verhaltensweisen. Manchmal ist auch der beste Weg, sich nicht einzumischen, um dem Gegenüber eine Lernerfahrung zu ermöglichen.
Viele Kinder der neuen Generation beschäftigen sich gerne mit Tieren. Diese sind selbstlos, lieben und anerkennen dich immer, so wie du bist. Sie beurteilen und verurteilen nicht!

Der Mensch verwechselt Liebe oft mit Festhalten, über den anderen zu bestimmen, ihn auf seinen Weg zu führen. Aber das ist nicht die bedingungslose Liebe! Liebe ist Einheit, Verbundenheit, annehmen was ist, kein Beurteilen und Verurteilen, einfach schauen, was ist passend für mich, was nicht!

Meine 13. Idee: Entwickeln Sie Mitgefühl mit allen Wesen, seien es Menschen oder Tiere, durch liebevolles Annehmen des anderen, aber auch durch freiwilliges Geben von Liebe, Freude und Lob! Achtung vor der Falle des Mitleids!

10. Sich mit seinen Stärken und Schwächen auseinandersetzen

Das ist wohl einer der schwierigsten Punkte überhaupt. Welche Stärken haben Sie? Wie können Sie Ihre Schwächen zu Stärken machen?
In meiner langjährigen Erfahrung mit Klienten und Klientinnen konnte ich feststellen, dass diese häufig nicht um ihre Stärken wussten. Aber die Schwächen erkannten sie sofort oder umgekehrt.
Meiner Meinung nach wäre es empfehlenswert, zuerst seine Begabungen, Fähigkeiten und Talente zu erforschen und diese zu leben. Und erst danach zu schauen, wo ich eine Schwäche habe. Wie sieht sie aus, wie kann ich sie zu einer Stärke machen? Viele Menschen kennen ihre Schwächen auch gar nicht, verdrängen sie oder bewerten sie zu stark.
Unser Unterbewusstsein hat aber viele dieser Schatten gespeichert und diese treten oft gerade dann hervor, wenn wir überhaupt nicht darauf gefasst sind. Auch in den ungünstigsten Situationen tauchen sie wie Schattengespenster aus der Tiefe auf. Durch diese Umstände kommen wir oftmals in Depressionen, Ängste, Verzweiflung, Hassgefühle, Freudlosigkeit, Wertlosigkeit etc. Ich habe schon in meinen ersten beiden Ratgebern erwähnt, wie man diese Schattenbilder aus dem Unterbewusstsein herausholen kann. Durch welche Methoden auch immer, sie können beseitigt werden! Man muss nicht dauernd mit ihnen leben! Die Methoden der HUNA-

Lehre sind sehr geeignet dafür, wie z. B. Schamanische Reisen, Reisen in den Inneren Garten, Kala-Reinigung etc.

Wenn ich nun meine Stärken erkannt habe, dann mache ich sie mir täglich durch meine Gedanken bewusst und schreibe sie auch auf! Vielleicht ist es der beste Weg, sich damit auseinander zu setzen, um sie auch wirklich wert zu schätzen? Viele Begabungen und Talente werden auch gar nicht genützt. Warum? Weil wir mit den täglichen Routinearbeiten, dem Stress viel zu viel Energie abgeben und es dadurch wenig Kraft und Zeit für die Umsetzung unserer Fähigkeiten gibt. Beenden wir doch dieses Spiel! Legen wir doch täglich sechs bis siebenmal zwischendurch eine Pause ein, fünf Minuten reichen schon. Vier Mal tief durchatmen, gute Energie zu sich holen, zwei Sekunden den Atem anhalten, danach alle verbrauchten Energien ausatmen und das achtmal hintereinander praktizieren! Diese einfache Übung bringt wieder Schwung in den Alltag! Los geht es!

Meine 14. Idee: Stärken Sie Ihre Stärken und machen Sie Ihre Schwächen durch gezieltes Bearbeiten zu Stärken! Einige Male am Tag tief atmen in frischer Luft bringt neuen Schwung in den Alltag!

---

11. Seine Berufung finden

Wie finde ich nun zu meinem richtigen Beruf? Ich meine nicht, irgendeinen Job, sondern eine Arbeit, die mir wirklich Freude macht, Erfolg bringt und mich erfüllt. So sehr, dass ich sie auch ausüben würde, ohne dafür Geld zu bekommen. Das klingt im ersten Moment nicht nachvollziehbar für unseren Verstand, der doch ständig auf das materielle Wachstum ausgerichtet ist! Aber fragen Sie erfolgreiche Menschen, wie sie zu Ihrer Arbeit stehen! Die meisten lieben ihre Arbeit, auch wenn sie oft schwierig ist und viel Zeit in Anspruch nimmt. Sie sind weder erschöpft oder ausgebrannt, da sie sich genug Energie durch ihre interessante Tätigkeit holen. In der Freizeit erholen Sie sich wieder, indem Sie sich nur auf das konzentrieren, was Sie im Moment tun, ob Sie mit Kindern spielen, sportlich aktiv sind oder sich mit Freunden treffen usw. Fragen Sie sich: „Was habe ich schon als Kind gerne gemacht? Was hat mir viel Spaß, Freude und glückliche Momente gebracht?" Arbeiten Sie bewusst daran: Schreiben Sie sich alle Tätigkeiten auf, die ihnen gefallen würden!
Erkundigen Sie sich, wo es Möglichkeiten gibt, ihre Fähigkeiten, Talente und Begabungen einzubringen. Dann suchen Sie im Internet passende Angebote und handeln Sie sofort!
Ich wusste schon mit acht Jahren, dass ich Lehrerin werden wollte. Ich weiß aber auch, dass ich diese

Tätigkeit mein ganzes Leben lang ausführen werde. Jetzt in einer anderen Art und Weise als früher. Aber es war und ist meine Berufung! Ich lebe auf, wenn ich anderen Menschen helfen darf, ihnen Ratschläge anbieten kann, sie begleiten darf bei Problemen oder wichtigen Situationen.

Diese Freude, diese Liebe, die ich für meinen Beruf empfinde, möchte ich auch Ihnen gönnen! Es ist wunderbar!

Meine 15. Idee: Gehen Sie mit Freude an Ihren Beruf heran, sodass er für Sie zur Berufung wird!

12. Dem Lebenspartner begegnen

Wie stelle ich es an, meinen richtigen Lebenspartner zu finden? Hier gibt es keine Regeln!
Am besten man begegnet ihm auf seinem Weg. Möglicherweise ist es der oder die Richtige, aber wer weiß das schon? Vielleicht auch nur ein Partner oder eine Partnerin für eine bestimmte Wegstrecke, die man gemeinsam gehen darf! Möglicherweise komme ich mit meinem Partner das ganze Leben lang aus. Das kann man vorher niemals wirklich wissen. Auf jeden Fall ist sicher, dass wir durch unser Gegenüber sehr viel lernen können. Sei es auf materieller, emotionaler oder spiritueller Ebene. Die Eigenschaften, die mir mein Partner spiegelt, sind möglicherweise solche, die ich selbst an mir nicht ausstehen kann oder sie schon bei einem Elternteil nicht annehmen konnte. Da heißt es zuerst eine Korrektur bei sich selber vorzunehmen, die oftmals gar nicht so leicht durchzuführen ist. Aber durch bestimmte Techniken kann man fast alles in den Griff bekommen. Meine hauptsächliche Methode ist die schon mehrmals erwähnte Dynamind Technik von Serge Kahili King (siehe Literaturliste).

Die Dynamind Technik (DMT) ist eine sichere, einfache, schnelle und wirkungsvolle Methode, die auf einer speziellen Mischung aus Wörtern, Berührung, Atemtechnik und manchmal auch auf Imagination beruht. Sie wurde so entwickelt, dass die meisten Menschen sie selbst anwenden können. Viele Probleme können damit meist relativ schnell behoben werden. Sie kann auch in Kombination mit anderen Methoden angewandt werden, um allen Menschen zu helfen, egal in welchem Zustand sie sich befinden.

Jede Heilung kommt aus einem selbst heraus. DMT selbst kann nicht heilen, aber sie hilft, den Kopf und den Körper so vorzubereiten, dass Heilungsprozesse einfacher und schneller eingeleitet werden.

DMT kann alleine angewandt werden oder gemeinsam mit anderen schulmedizinischen, alternativen oder komplementären Heilverfahren. Sie kann sowohl an Kindern wie auch an Erwachsenen praktiziert werden und wurde auch bereits erfolgreich bei der Wiederherstellung der Selbstheilungskräfte von Tieren angewandt.

Die Dynamind Technik:

Sechs einfache Schritte:

1. Wähle ein körperliches, emotionales oder psychisches Problem, an dem Du arbeiten möchtest. Eruiere zuerst die Stärke deines Problems auf einer Skala von 0 bis 10, wie z. B.: "Mein Kopfweh belastet mich mit einer Stärke von 8."

2. Halte dann deine Hände vor dir so zusammen, dass die beiden Daumen und die beiden Zeigefinger ein Dreieck formen und sich auch alle anderen Fingerspitzen berühren.

3. Sage (laut oder leise, besser aber laut) vor dich hin: "Ich habe ein Problem mit ..." "Ich habe ein Problem mit ..., und das kann sich ändern!"" Ich habe ein Problem mit ..., und dieses Problem wird jetzt verschwinden!"

4. Dann klopfe jeweils sieben Mal mit zwei oder drei Fingern einer Hand auf dein Brustbein, auf die Flächen zwischen dem Daumen und dem Zeigefinger jeder Hand, auf den etwas vorstehenden Wirbelknochen an der Basis deines Genicks.

5. Atme nun tief ein und konzentriere dich dabei auf den Scheitelpunkt auf deinem Kopf. Atme dann tief aus und konzentriere dich dabei auf alle deine Zehen.

6. Nun sage erneut laut, wie stark dich das Problem (von 0-10) noch belastet. Wiederhole die Übungen beliebig oft, bis die Probleme verschwunden sind. Mach aber immer eine Pause zwischen den Runden.

Meine 16. Idee: Sehen Sie Ihren Partner als Spiegelbild und ändern Sie die Eigenschaften, die sie an sich selbst ändern möchten!

Am besten man lässt den Partner wie er ist, versucht etwaige Auseinandersetzungen mit der gewaltfreien

Methode nach Rosenberg oder mit der Familientherapie nach Gordon zu bewältigen und geht seinen Weg trotzdem gemeinsam weiter.

Die Gewaltfreie Kommunikation (GfK) ist ein Konzept, das von Marshall B. Rosenberg (siehe Buchempfehlungen) entwickelt wurde. Es soll Menschen ermöglichen, so miteinander umzugehen, dass der Kommunikationsfluss zwischen ihnen verbessert wird. GfK kann sowohl bei der Alltags-Kommunikation als auch bei der friedlichen Konflikt-Lösung im persönlichen, beruflichen oder politischen Bereich hilfreich sein. Sie versteht sich nicht als Technik, die andere Menschen zu einem bestimmten Handeln bewegen soll, sondern als Grundhaltung, bei der eine wertschätzende Beziehung im Vordergrund steht. (Laut Wikipedia)

Sicher ist, dass man auf einigen Gebieten gleiche Interessen haben sollte, damit auch gemeinsame Zeit miteinander verbracht werden kann. Festhalten oder anklammern, wie die kleinen Kinder, wird möglicherweise einige Zeit gut funktionieren. Jedoch sollte man dann durch seine Innere Frau und seinen Inneren Mann die Verantwortung für das kleine Innere Kind in sich übernehmen und nicht mehr die Eltern für seine Probleme verantwortlich machen. Das ist wieder ein kleines Stück Arbeit. Aber wichtig ist, die Ursachen zu erforschen und sie durch geeignete Methoden umzuprogrammieren. Unser

Unterbewusstsein ist viel schneller als unser Bewusstsein. Daher ist es wichtig, sich mit seinem Unteren Selbst und mit dem Hohen Selbst (laut der HUNA-Lehre) zu verbinden, um sich selbst und dem anderen zu vergeben und ein neues positives Gedanken- und Verhaltensmuster zu erschaffen.

Was ist das Hohe Selbst?

In der HUNA-Lehre unterscheiden wir das Untere Selbst (ähnlich unserem Unterbewusstsein), das Mittlere Selbst (Wachbewusstsein) und das Hohe Selbst (Überbewusstsein). Diese drei Selbste sind verbunden durch die Aka- Schnur. Diese verbindet das Mittlere Selbst mit dem Unteren Selbst und das Untere Selbst mit dem Hohen Selbst. Um unsere Wünsche zu erfüllen benötigt das Hohe Selbst und auch das Untere Selbst "Mana" = Lebensenergie. Diese Lebensenergie wird entlang der Aka-Schnur vom Mittleren Selbst zum Unteren Selbst geschickt und vom Unteren Selbst an das Hohe Selbst. Was genau ist das Hohe Selbst? Die Kahunas bezeichnen es als älteren, absolut vertrauenswürdigen, elterlichen Geist. Es ist uns in Liebe zugetan.

Meditation: Verbindung mit dem Hohen Selbst

Tief atmen – Spannungen entweichen lassen (Schultern sollen nicht angehoben sein) – ganz entspannt sein – keine Gedanken

Mit seinem Bewusstsein zum Unteren Selbst (Kraftort = 2 cm unter dem Nabel) gehen – mit Mana aufladen (tief hineinatmen, Tätigkeit vorstellen wie z. B. Joggen, Rudern ... etwas, das mit Bewegung zu tun hat)

Das Untere Selbst um Mithilfe bitten (Belohnung in Aussicht stellen, wenn es z. B. nicht von selbst mag oder eventuell störrisch ist) – eine Frage stellen – mit Mana-Mana aufladen (noch mehr rudern, laufen etc.) – und entlang der AKA -Schnur über die Wirbelsäule bis zum Scheitelzentrum zum Hohen Selbst schicken. Das Hohe Selbst um Mithilfe und dann um den „Regen des Segens" (= Antwort auf die Frage) bitten. Es kann sein, dass die Antwort erst in den nächsten Tagen durch einen Traum oder ein passendes Buch etc. kommen kann.
Zum Abschluss bedanken wir uns beim Hohen Selbst und dem Unteren Selbst und sind wieder im Hier und Jetzt!

Meine 17. Idee: Ich akzeptiere und liebe meinen Partner, meine Partnerin wie er/sie ist und bleibe mir selbst treu!

13. Schwangerschaft und Geburt

Die Schwangerschaft war eine wunderbare Zeit für mich. Das Gefühl, nicht nur für mich zu sorgen, sondern auch für ein Wesen, das sich in mir entwickeln, wachsen und entfalten durfte, war eine besondere Erfahrung für mich, irgendwie glich es einem Wunder.

Die Freude war riesig, als ich erfuhr, dass ich ein Kind auf die Welt bringen durfte. Ich hatte alle Unterstützung meines Mannes und die Verwandten freuten sich auch sehr über den Nachwuchs. Es war ein eigenes Gefühl zu spüren, dass ich nicht mehr allein war, sondern ein neues Wesen durfte in mir heranreifen. Es wurde mir in diesem Augenblick sehr klar, welche große Verantwortung ich jetzt hatte, nicht nur mehr für mich selbst zu sorgen sondern auch für das Kind.

Ängste kamen hoch, wie werde ich mit dem Umstand fertig, neun Monate lang mich richtig zu ernähren, meine Arbeit als Lehrerin für mich und alle Beteiligten weiterhin freudvoll und mit all meinen Kräften auszuführen.

Die Liebe, die ich zu dem neuen Wesen empfand, wurde zwar immer stärker aber etwas gedämpft durch die Tatsache, dass ich in der ersten Zeit der Schwangerschaft Beruhigungstabletten nehmen musste (wegen Schlafstörungen). Ich hatte damals noch keine Ahnung, dass ich schwanger war. Die Ärzte konnten mich auch nicht wirklich beruhigen,

da sie selbst nicht wussten, ob die Tabletten schädliche Auswirkungen auf unser Kind hätten. Also blieb diese latente Angst im Hintergrund bestehen.
Ich fühlte mich aber ansonsten pudelwohl in dieser Zeit, wartete auf die ersten Bewegungen des Embryos und genoss die Zunahme meines Gewichtes und Bauchumfanges. Die Arztbesuche waren auch erfreulich, alles war bestens.
Im 8. Monat stürzte ich, als ich über die Straße ging, um den Autobus zu erreichen. Gott sei Dank bin ich nur aufs Knie gefallen und hatte mich dann unbewusst richtig auf den Rücken gedreht. Ich musste drei Tage Ruhe geben und es gab keinerlei Auswirkungen auf das Kind. Den Schock musste ich erst viel später auflösen.

> **Meine 18. Idee:** Seien Sie sich Ihrer Verantwortung bewusst, die der neue Erdenbürger mit sich bringt! Nützen Sie die Zeit der Schwangerschaft und freuen Sie sich auf den neuen Lebensabschnitt!

Nun kam die Geburt immer näher, ich wurde von meinem Homöopathen erfolgreich unterstützt und von meinem Frauenarzt wertschätzend begleitet.
Das schwierigste für mich war die Verabschiedung der Kinder in meiner Klasse (es war eine 2. Klasse Volksschule). Es gab Tränen, da ich ja wusste, ich werde nicht mehr so schnell in die Schule zurückkommen.

Die acht Wochen vor der Geburt, die ich zu Hause war, konnte ich nun so richtig genießen, mich auf das Baby freuen, letzte Einkäufe erledigen und auf mich schauen. Es war eine aufregende Zeit, wird es ein Bub oder ein Mädchen?

Mein Wunsch ging in Erfüllung, ich gebar am 29. Februar unsere erste Tochter Daniela. Die Geburt dauerte von 3 Uhr in der Früh, wo die Wehen begannen, bis zum Nachmittag.

Dann hatte sie es so eilig, dass mein Baby mit der nächsten Wehe ohne Rücksicht auf Verluste das Licht der Welt erblicken wollte.

Meiner Erfahrung nach sollte man in der Zeit der Schwangerschaft sich selbst umsorgen, alles tun, was Spaß und Freude macht. Die neue Seele einladen, dass sie sich willkommen fühlt, mit dem Partner gemeinsam die neuen Gegebenheiten besprechen. Es ist sehr wichtig für die Partnerschaft, dass man sich mit der Tatsache auseinander setzt, dass das Leben nicht mehr auf zwei Personen sondern auf drei ausgerichtet werden muss. Es kann sich Eifersucht von Seiten des Partners auf das Kind einstellen, wenn die Mutter vor allem am Anfang der Säuglingszeit, alle Aufmerksamkeit dem Baby zufließen lässt. Am besten, die Väter bringen sich von allem Anfang mit ein!

Alles in allem ist es eine wunderbare Gelegenheit, sich selbst spüren zu lernen, das neue Wesen zu beobachten, zu leiten und zu führen. Den Partner liebevoll einzubeziehen und sich auf die Zeit danach einzustellen.

Ich hatte das Glück diesen Prozess in einer sicheren, liebevollen Atmosphäre zu erleben. Ich habe aber viele Mütter kennen gelernt, die sich als Alleinerzieherinnen nicht nur emotional sondern auch finanziell in einer unsicheren Lage befunden haben, als sie ihr Kind zur Welt bringen mussten. Ihnen ist meine Hochachtung entgegen zu bringen. Sie haben dem neuen Wesen eine Chance gegeben, sich in diese Welt zu begeben und ihren Beitrag zu leisten. Nehmen Sie alle Hilfen, die Sie angeboten bekommen in Anspruch, um sich vor Erschöpfungszuständen zu schützen!

Ich wünsche allen werdenden Müttern eine freudige, bewusste und segensreiche Zeit!

Meine 19. Idee: Genießen Sie die Schwangerschaft, heißen Sie Ihr Baby willkommen und vergessen Sie nicht auf sich! Bereiten Sie sich auf die Geburt vor und freuen Sie sich auf die verantwortungsvolle, bereichernde Beziehung zu Ihrem Kind!

14. Ein neues Wesen entdeckt die Welt

Es ist ein ergreifender, berührender Moment für eine Mutter, dieses neue unbekannte Wesen in ihren Armen zu halten und diese Zusammengehörigkeit zu spüren, die schon in den neun Monaten vor der Geburt im Mutterleib entstanden ist.
Ich fühlte die Liebe zwischen uns beiden, dieses Band, das uns für immer zusammen hält, es war ein einzigartiger Augenblick. Ich war sehr glücklich.

Unsere zweite Tochter, die ich schon rund um die Uhr in meinem Zimmer neben mir in einem Einkaufswagerl betreuen konnte, durfte ich gleich nach der Geburt auf meinem Bauch liegend, genießen. Auch das Stillen gehörte zu den freudigsten Momenten. Ich spürte richtig, wie sich das Kind auf diese Begegnung freute und meine körperlichen Wunden der Geburt schneller heilen durften. Die Tage im Krankenhaus verliefen mit Aufklärungsarbeit vonseiten des Arztes und der Schwestern, wie man den Säugling liebevoll pflegt und hegt und ich freute mich schon sehr auf zu Hause. Mein Mann bastelte ein wunderschönes Willkommensplakat mit Fotos von mir und dem Kind und wir waren eine glückliche Familie.
Diese erste Zeit im eigenen Heim empfand ich als besonders freudig, ich durfte unser Kind tagtäglich in sein neues Erdenleben einführen. Es ist nicht leicht für ein Baby, von dem geborgenen Zustand im

Mutterleib, wo es rund um die Uhr gut versorgt wurde, in die kalte, unbekannte Welt hinaus gestoßen zu werden. Daher braucht es danach alle Liebe und Fürsorge der Mutter, des Vaters, der nahen Verwandten. Es ist ein Segen, wenn man das Kind zu Hause gebären kann. Ich durfte es bei meiner Enkelin Saphira erleben. Claudia, unsere zweite Tochter, hatte sich sehr bewusst für eine Hausgeburt entschieden. Die Vorbereitungen mit der Hebamme waren ausführlich und Claudia lud mich ein, gemeinsam mit dem Vater des Kindes, bei der Geburt anwesend zu sein. Saphira hatte es sehr eilig, sie kam nach nur ca. sieben Stunden auf die Welt. Wir durften miterleben, wie sie abgenabelt, gebadet und danach auf die Brust der Mutter gelegt wurde. Es war ein ergreifender Augenblick. So ein Kind ist ein Wunder für mich. Sofort begann sie an der Brustwarze zu nuckeln, obwohl noch keine Milch vorhanden war.

Mein Mann kam dann auch noch, seine Enkelin zu begrüßen und wir waren alle freudig erregt und glücklich, die ersten Stunden mit ihr gemeinsam verbringen zu dürfen.

> **Meine 20. Idee:** Erfreuen Sie sich an dem Wunder, das Sie erstmals spüren, erfahren und freudvoll begrüßen dürfen! Sprechen Sie über Ihre Gefühle mit dem Kind! Lassen Sie den Partner oder andere Bezugspersonen bewusst an den Entwicklungsschritten des Babys teilhaben!

15. Die Elternrolle als Verantwortung sehen

Ein Kind ist von Anfang an zwar ein eigenständiges Wesen mit all seinen Charaktermerkmalen, seiner Persönlichkeit, seiner ureigenen Geschichte. Trotzdem ist es völlig den Eltern und den Erwachsenen um sich ausgeliefert. Daher ist die Rolle, die die Mutter und der Vater in den ersten Lebensjahren des neuen Erdenbürgers spielen, eine besonders wichtige. Von Geburt an nähren die Eltern das Kind. Durch das Stillen bekommt das Kind alle Nährstoffe, die es braucht, spürt aber auch die Wärme, das Befriedigt werden, das Geborgensein, die innige Beziehung zur Mutter. Im Idealfall unterstützt der Vater die Mutter, indem er ihr behilflich ist, bei all den anderen Arbeiten, die anfallen, mitzuhelfen, das Kind zu wickeln, zu baden, mit ihm zu spielen.
Es ist empfehlenswert, die Zeit, die man mit dem Baby, später Kleinkind, verbringt, wirklich achtsam zu nützen. Das heißt, man ist völlig für das Kind da, geht auf seine Bedürfnisse ein und wird selbst wieder zum Kind. Je mehr man sich auf diesen Prozess einlässt, desto inniger wird die Beziehung zum Kind. Es soll ja auch geistig genährt werden. Ich vermittle ihm das reale Leben, so wie es ist, in seiner Komplexität, mit all der Schönheit, den Herausforderungen, die es uns bietet. Je öfter ich dem Kind zeige, wie wertvoll es ist, wie wichtig es ist, wie es mit anderen Menschen kommunizieren

lernt, desto mehr wird es sich selbst schätzen und annehmen können, wie es ist.

> **Meine 21. Idee:** Genießen Sie die Zeit, die Sie mit dem Kind verbringen, sie kommt nie wieder! Nehmen Sie Ihren Nachwuchs an, wie er ist und schätzen Sie seine Einzigartigkeit!

Auch die Schattenseiten, die jeder Mensch in sich trägt, dürfen gelebt werden. Wut und Zorn, die bei Kindern vor allem um das 3. Lebensjahr auftreten können (im so genannten Trotzalter), sollen ernstgenommen werden. Das Kind will damit ausdrücken, dass es mit der jeweiligen Situation nicht einverstanden ist. Es entdeckt sein eigenes Wesen, seine ICH-Präsenz. Die Eltern können dabei unterstützend wirken, indem sie dem Kind Werkzeuge zeigen, wie es mit der Wut und dem Zorn umgehen lernt. Passende Übungen gibt es in meinem 2. Ratgeber, Seite 32.

Die wichtigste Rolle spielen die Eltern. Das Kind beobachtet Mutter und Vater, natürlich auch die übrigen Erwachsenen, mit denen es zusammen ist und ahmt nach, was es sieht, hört und wahrnimmt. Daher sollten die Betroffenen aufmerksam auf ihre Verhaltensweisen achten, wie sie selbst mit Eigenschaften umgehen, die nicht nur positiv sind. Das Kind ist dankbar für alle Zuwendungen, die ihm die Nahestehenden zukommen lassen. Je achtsamer und wertschätzender Sie mit sich selbst umgehen, desto leichter haben Sie es mit Ihrem Kind. Sehr vorteilhaft wäre es, dem Kind beizubringen, dass es andere Personen nicht verletzen darf, sei es mit Gedanken, Worten und Taten. Wenn es Situationen gibt, wo es sich nicht wehren kann, sollten die Erwachsenen eingreifen. Den Frieden wieder herstellen, heißt für mich, dass die Betroffenen in ihr Herz gehen, sich selbst alle Liebe geben, die sie brauchen und diese dann dem Kind in sein Herz schicken. Oftmals konnte ich meine Enkelin durch diese Übung wieder völlig in ihre Mitte bringen und sie reagierte danach liebevoll und verständig.

> **Meine 22. Idee:** Seien Sie achtsam im Umgang mit Ihrem Kind. Vermeiden Sie verletzende Gedanken, Worte und Taten. Lieben Sie Ihr Kind, wie es ist, korrigieren Sie das unerwünschte Verhalten und das Benehmen im Moment!

16. Was tun bei Krisen?

Mein Leben war immer wieder von Krisen geprägt. Ich habe beobachtet, dass ich durch Arbeit an mir selbst immer gestärkt und kraftvoll aus schwierigen Situationen herausgekommen bin. Das Wichtigste ist meiner Meinung nach die Ursachen zu erforschen (dazu braucht man oftmals Hilfe von außen), zu handeln und neue Perspektiven zu setzen. Die engsten Angehörigen waren für mich die „Retter in meiner Not", vor allem mein Mann, meine Kinder und meine Schwester. Wenn die Familie hinter dem Betroffenen steht und man über seine Probleme kommunizieren kann und das Gefühl hat, verstanden zu werden, das heißt, nicht nur mit dem Verstand sondern auch mit dem Herzen zu denken, wahrzunehmen, zu fühlen, wie es dem anderen geht, dann ist schon eine Basis geschaffen, um sich selbst wieder aus der Krise „hoch zu rappeln".
Bei mir selbst war es meistens ein zu viel an Arbeit, eine zu große Zuwendung zu anderen Personen, die Hilfe benötigten. Ich powerte mich aus, gab alles, was ich geben konnte und vergaß auf mich selbst. Erst durch die Beschäftigung mit energetischen und geistigen Methoden wie REIKI und HUNA bekam ich mein Gleichgewicht wieder. Ich erkannte, dass ich PRIORITÄTEN setzen und NEIN sagen lernen musste, um mich nicht zu verausgaben. Das war „harte Arbeit" an mir selbst.

> **Meine 23. Idee:** Denken Sie an sich selbst, erholen Sie sich zwischendurch und lernen Sie im richtigen Moment NEIN zu sagen!

Durch die Arbeit mit Klientinnen und Klienten lernte ich sehr viel über das Zusammenspiel von Wünschen, Hoffnungen, Zielen und wie man Ängste, Zweifel, Minderwertigkeits- und Schuldgefühle erkennen und abbauen kann. Durch diverse HUNA-Techniken (siehe Buchempfehlungen), die sehr einfach sind, spürte ich nach und nach Gedanken- und Verhaltensmuster auf, die ich vor allem in meiner Kindheit aufgeschnappt habe und danach nicht mehr losgeworden bin. Durch die Ausbildungen (vor allem die Beschäftigung mit den „Archetypen"), lernte ich selbst am besten, wie man mit seinem UNTEREN SELBST in Kontakt treten kann. Seither spüre ich alle meine Schattenseiten auf, erkenne die falschen Muster dahinter, löse sie danach auf, um schließlich neue Programmierungen, die mir dienlicher sind, zu formulieren und sie im Alltag umzusetzen. Natürlich setze ich auch andere Hilfsmittel ein, wie Essenzen (AURA-SOMA, Bachblüten, Engelsessenzen, etc.) QI GONG, HULA-TANZ, Kartendecks usw., um blinde Flecken zu erkennen und vor allem die Spiegelbilder von außen als Hilfen zum Bewusstmachen der eigenen Mängel zu begrüßen. Es ist nicht immer leicht, plötzlich mit den eigenen Fehlern konfrontiert zu sein (das ENNEAGRAMM war großartig für mich), aber im

Nachhinein war ich immer dankbar dafür! Das Segnen des Essens, oder den Beginn des neuen Tages willkommen zu heißen usw. wie es bei den KAHUNAS in Hawaii üblich war, war und ist sehr wertvoll für mich!

Wenn Sie in einer Krise stecken, rate ich Ihnen, Hilfe von außen zu suchen. Folgender Satz: "Ich bin zum richtigen Zeitpunkt am richtigen Ort, mit den richtigen Menschen und tu genau das für alle Beteiligten Richtige", hilft mir Vertrauen zu bekommen, dass im richtigen Augenblick die geeigneten Maßnahmen zu mir kommen dürfen und ich meine Zweifel und Ängste dadurch schneller beseitigen kann.

Meine 24. Idee: Suchen Sie sich in einer Krise die richtigen Ansprechpartner im Außen! Vertrauen Sie auf Ihre Intuition und helfen Sie durch Arbeit an sich selbst mit, schneller wieder aus problematischen Situationen herauszukommen!

17. Lernaufgaben in schwierigen Situationen erkennen

Meine wichtigsten Lernaufgaben bisher in diesem Leben, waren und sind, alles loszulassen, was mir nicht mehr dienlich ist, NEIN sagen zu lernen, nichts mehr zu verurteilen, in meiner Mitte (zentriert) zu bleiben und den Menschen mit offenem Herzen zu begegnen.

Der größte Gegner war mein negatives Ego, das mir immer wieder weismachen wollte, du bist nicht gut genug, du musst dich noch anstrengen, du musst noch mehr arbeiten etc. Gott sei Dank fiel mir vor etlichen Jahren das Buch „Wie man sein negatives Ego befreit" von David Stone in die Hände. Es war mein Führer durch die letzten Jahre, gab mir Halt und Sicherheit, die vielen Gedanken- und Verhaltensmuster, die ich mir durch meine Erfahrungen mit anderen Personen und Situationen angeeignet hatte, zu erkennen, loszulassen und in neue passende, positive umzuprogrammieren. Meinem Verstand gelang es immer besser mit dem UNTEREN SELBST und dem HOHEN SELBST zusammen zu arbeiten und ich bin sehr dankbar dafür! Auch meine geistigen HELFER waren in Notsituationen bei mir und berieten mich, das Richtige zum richtigen Zeitpunkt zu tun! Handeln war angesagt! Mir ging es sofort besser, wenn ich erkannt habe, was in der jeweiligen Situation das

Beste für mich war! Ich setzte es prompt um und ich spürte, je mehr ich zu meinem „ICH SELBST" erwachte, desto freudiger, glücklicher wurde mein Wesen – ich lache gerne, freue mich über kleine Dinge im Leben, liebe die Natur, verbinde mich oft mit den vier ELEMENTEN: Wasser, Erde, Luft und Feuer.

Übrigens: FEUERRITUALE kann ich ich Ihnen wärmstens empfehlen! Sie schreiben sich alles von der Seele, was nicht mehr passend für Sie ist! Danach zerreißen Sie den Zettel, verbrennen ihn (bitte in einem Metallgefäß und nicht am Balkon!) und schreiben danach alles Positive auf, was Sie sich von sich selbst und anderen wünschen! Hilft immer!

Das Beste wäre, überhaupt nur mehr das Gute in sich selbst und in anderen sehen zu lernen. Eine große Aufgabe, denn zuerst heißt es, seine Schatten aufzuspüren, sie zu integrieren danke, zu sagen, ihr habt mir jahrzehntelang gedient, aber jetzt entlasse ich euch, ich schaffe mir eine freudige, liebevolle Gestalt! Es funktioniert, probieren Sie es aus!

Ich habe erkannt, dass wir hier auf die Erde kommen, um Lernerfahrungen zu machen, egal ob negative oder positive. Es kommt immer auf die Sichtweise an! „Niemals verletzen, immer helfen", heißt es in der HUNA-Lehre! Aber bitte, auf SICH SELBST ACHTEN!

In der heutigen Zeit wird man täglich sehr gefordert, sei es im Beruf oder privat. Da heißt es achtsam mit seinen RESSOURCEN umzugehen! Meine Beziehungen zu anderen Menschen spiegeln mir die Verhaltensweisen wider, die ich an den Tag lege. Meistens gehen einem die Eigenschaften des Anderen auf die Nerven, die man selbst an sich nicht annehmen kann!

Mein Mann, meine Kinder, meine Enkelin und andere Beziehungspersonen zeigen mir ständig, welche Verhaltensweisen, Gedankenmuster, Meinungen, Sichtweisen mir nicht mehr helfen. Ich bearbeite sie danach an mir, verzeihe mir, bedanke mich bei ihnen (geistig), lasse sie los und schreibe mir die neuen positiven Sätze auf und sage sie mir so lange vor, bis sie mein Unterbewusstsein freudig angenommen hat.

Denn solange meine Archetypen (INNERES KIND, INNERE FRAU, INNERER MANN, INNERER KRIEGER) nicht damit einverstanden sind, darf ich sie auch nicht verabschieden. Das ist die wahre Aufgabe! Sich mit seinen Archetypen zu verbinden, sie zu überzeugen, dass das gewohnte Verhaltens- oder Gedankenmuster uns nicht mehr dient! Wenn das gelingt, soll man sich eine Belohnung in Aussicht stellen, je nachdem, was sich das Kind, die Frau, der Mann, der Krieger in uns wünscht und es aber auch konsequent einhalten! (Dynamind Technik – SERGE KAHILI KING).

Natürlich gibt es noch viele Methoden und Praktiken, die Ihnen bei diesen Prozessen behilflich sein können, wie z. B. russische Zahlenreihen nach Grigori Grabovoi etc.

Wichtig ist, zu begreifen, nicht nur mir geht es so, sondern alle Menschen hier auf Erden erleben ihre ureigenen Erfahrungen und niemandem bleiben seine Lernaufgaben erspart.

Durch das Bearbeiten des „negativen Egos" kommt man meiner Meinung nach in seine „ICH BIN" Präsenz, dem Menschen, der/die ICH wirklich BIN und in einem weiteren Schritt zu seiner Lebensaufgabe! Das ist meiner Meinung nach das Wichtigste im Moment, zu erkennen, welche Berufung habe ich hier auf der Erde und dieser auch wirklich zu folgen!

Meine 25. Idee: Wer bin ich? Wer möchte ich sein? Versuchen Sie Ihre wahre Identität zu finden, leben Sie Ihre Wahrheit! Finden Sie Ihre Berufung und setzen Sie sie in Ihrem Leben um!

18. Den Übergang zur Menopause (Wechseljahre) als natürlich annehmen

Bei vielen Frauen können in den Jahren vor der Menopause mehr oder weniger unangenehme Begleiterscheinungen auftreten, die den Alltag stark beeinflussen können. Diese können von Hitzewallungen über starke Regelblutungen, vermehrte Reizbarkeit, Schlaflosigkeit, übermäßiges Schwitzen in der Nacht, vermindertes sexuelles Verlangen, Kopfschmerzen, Labilität, Depressionen, bis zum Burn-out reichen.

Ich persönlich hatte unter massiven Schlafstörungen, zu wenig Östrogen und starken Blutungen zu kämpfen. Mein Frauenarzt wollte mir schon die Gebärmutter entfernen. Ich weigerte mich aber, wandte mich an eine Alternativärztin und kam durch sie zu meiner Ausbildnerin in der HUNA-Lehre. Wir bearbeiteten gemeinsam meine Innere Frau, das heißt, ich musste mich den weiblichen Eigenschaften, wie Hingabe, Raum geben, Intuition, Wahrnehmen, was gut und richtig für mich ist, vermehrt zuwenden und sie in die Tat umsetzen. Nach intensivem Üben und Dranbleiben ging es mir immer besser und besser und nach einem Ritual aus einem Buch von Luisa Francia durfte ich endlich das endgültige Ausbleiben meiner Monatsblutungen feiern! Somit ging ich bewusst in meinen neuen Lebensabschnitt, ließ die Vergangenheit hinter mir, indem ich die negativen Erlebnisse anschaute, sie mir und allen Beteiligten vergab und die positiven Aspekte in die neue Lebensphase mitnahm. Es war für mich eine Zeit der vollständigen Wandlung von einer Raupe zu einem Schmetterling! Immer mehr erkannte ich, welche Verhaltensmuster mir absolut nicht mehr dienten und mit der mehrfach erwähnten hawaiiianischen HO`OPONOPONO Technik (siehe Kapitel „Einführung") bearbeitete ich einen unerwünschten Glaubenssatz nach dem anderen und stellte mir positive Sätze zusammen, die ich mit den in meinen beiden vorherigen Ratgebern erwähnten Methoden, herausfand.

Durch die Arbeit mit Kindern, Jugendlichen und Erwachsenen in meinem Institut33 lernte ich tagtäglich dazu, erweiterte mein Wissen über Bücher und Seminare. Ich bin sehr dankbar für alle Erfahrungen, die ich machen durfte. Wenn sie auch nicht nur positiv waren, sie haben mich an den Platz gebracht, den ich heute einnehme, wo ich mich glücklich und sehr wohl fühle.

Für eine Frau, die Kinder hat, ist es nicht leicht, sie loszulassen, wenn man jahrelang für sie gesorgt, sie geführt und begleitet hat. Die Jugendlichen gehen nun ihren eigenen Weg und plötzlich spürt man eine innere Leere, da diese Aufgaben nun weg fallen. Das ist meiner Meinung nach der springende Punkt. Ich erkannte, welche Freiheit mir geschenkt wurde, auch mich zu entdecken, meine Partnerschaft wieder zu beleben und für mich mehr Zeit zu haben! Ich fing an, mir selbst Gutes zu tun! Die Themen der Vater –

und Mutterbeziehungen schaute ich mir sehr genau an, merkte, wie wichtig diese Arbeit an mir selbst für mein Inneres Kind (Näheres in meinem 1. Ratgeber) aber auch für meine anderen Archetypen, wie Innere Frau, Innerer Mann, Innerer Krieger, Innerer Weise, Innerer Magier und Innerer Heiler war! Auch meine Ahnenreihen ging ich durch. Auch dort gab es eine Menge zu tun, wie aus der Opferrolle zu treten, in meine eigene Kraft und Stärke zu gehen, Mut zu entwickeln, um meine Vision von einem friedlichen, achtsamen und wertschätzenden Miteinander umzusetzen.

Meine 26. Idee: Nehmen Sie die Umstellung in die Menopause als natürlichen Vorgang an, erkennen Sie die Freiheit, die Ihnen als Frau geschenkt wird!

19. Wertvolle Tätigkeiten und Aufgaben im Ruhestand finden

Viele Menschen haben nach der Aufgabe Ihres Berufes das Gefühl in ein tiefes Loch zu fallen und finden sich im Zustand der Leere wieder. In diesem Fall wäre es meiner Meinung nach wichtig, sich vom äußeren Leben ins eigene Innere zu wenden. Mit einem Ritual bewusst vom Berufsleben verabschieden, wäre eine Möglichkeit. Wieder fällt mir dazu Luisa Francia ein, die Anleitungen dazu gibt, in diesen neuen Lebensabschnitt bewusst einzutreten (siehe Literaturliste).

Es ändert sich vieles, die tägliche Routine fällt weg, man muss neue Strukturen festlegen, sinnvolle Tätigkeiten finden, die nicht nur dem Verstand genügen sondern auch die Seele und den Körper befriedigen. Wenn es gelingt, sich nicht nur in übertriebene Überaktivität zu stürzen und Dinge aufzuarbeiten, die man vorher nicht geschafft hat sondern auch in die Stille zu gehen, die Natur zu genießen, befriedigende Aktivitäten zu finden und vor allem mehr Zeit für sich selbst zu nehmen, ist man schon auf dem richtigen Weg.

Ob man sich nun mehr seinen Hobbys widmen möchte, wie dem Malen, Schreiben, Lesen, Reisen, Kochen, Gärtnern, sich noch mehr Zeit für die Enkel nehmen oder ehrenamtliche Tätigkeiten ausführen möchte, wichtig ist es, sie voller Lebensfreude und Enthusiasmus auszuüben!

Nachdem ich das Institut33 in Wien aufgelöst hatte, zog ich mich gemeinsam mit meinem Mann in unseren Zweitwohnsitz zurück. Ich habe es nie bereut, denn ich liebe die Natur, das einfache Leben mit Gemüse anbauen und Blumen pflegen. Ich fühle mich auch den Tieren und Pflanzen sehr verbunden, sammle gerne Kräuter, um sie zu Tees oder Ölen zu verarbeiten.

Meiner Erfahrung nach gibt es genug zu tun, um anderen Menschen behilflich zu sein, wie z. B. Kinder zu beaufsichtigen, alten Menschen in der Nachbarschaft beizustehen, depressive Menschen aufzuheitern, eventuell in Grundschulen zu gehen, um von früheren Zeiten zu berichten oder den Kindern vorzulesen. Da sind der Phantasie keine Grenzen gesetzt!

Ich persönlich gebe noch Beratungen, halte Vorträge, Seminare und biete Arbeitskreise im Rahmen der "Geistigen Homöopathie nach Grigori Grabovoi®" für Erwachsene an. Es ist wunderschön für mich, noch gebraucht zu werden, mein Wissen und meine Erfahrungen weiter geben zu dürfen. Man ist niemals zu alt, um seine Zeit wertvollen Tätigkeiten zu widmen.

Im Gegenteil, man tut sich selbst etwas Gutes, sein Gehirn weiter zu schulen, Neues zu lernen, wie z. B. eine neue Fremdsprache oder auf Reisen andere Kulturen und Menschen kennen zu lernen. Durch die Herausforderungen, die man an sich selbst stellt, hat man nicht das Gefühl, zum „alten Eisen" zu gehören, in Einsamkeit zu versinken oder sich als überflüssig anzusehen.

> **Meine 27. Idee:** Machen Sie einen Schritt in Ihr Inneres Wesen, finden Sie Aufgaben, die Sie und andere erfreuen und entdecken Sie täglich etwas Neues!

Die wahre Freude kommt mit den Interessensgebieten, denen man sich jetzt ganz gezielt widmen kann. Wie herrlich ist eine Wanderung in der Natur, um die verschiedenen Tier- und Pflanzenarten genauer studieren und beobachten zu können. Vielleicht entdeckt man dabei ein neues Wissensgebiet, mit dem man sich nun ganz gezielt beschäftigen kann.

Mir war es in meinem Leben noch nie langweilig, ich liebe das Reisen, das Malen, das Schreiben, das Tanzen. Vor allem auch das geistige, körperliche und seelische Wachstum meiner Enkelin mit zu bekommen gibt mir große Befriedigung. Wann immer meine Töchter mich um Rat fragen oder im Verwandtenkreis Hilfe benötigt wird, bin ich gerne bereit, mich einzubringen.

Daneben bleibt mir noch genügend Zeit für mich selbst, sei es schwimmen zu gehen, ein Fitnesscenter zu besuchen, Wanderungen gemeinsam mit meinem Mann oder Freunden zu unternehmen, mir eine Massage oder eine kosmetische Behandlung zu gönnen!

In der Früh übe ich meine geistigen Tätigkeiten aus, wie mir selbst REIKI zu geben, mich mit meinem HOHEN SELBST zu verbinden um zu erkennen, wo es noch Blockaden gibt. Diese dann mit den schon immer wieder von mir erwähnten HUNA-Techniken und dem russischen Heilwissen zu bereinigen, zu meditieren, der Erde und ihren Bewohnern Licht und Liebe aus meinem Herzen zu schicken. Auch mein Körper kommt nicht zu kurz, ich absolviere täglich meine Gymnastik, sei es Wirbelsäulenübungen, Yoga oder QI Gong!

Ich erfreue mich meiner Gesundheit und bin dankbar für die Hilfen von außen und meinen unsichtbaren Helfern! Alles in allem habe ich erkannt, dass man das Glück und die Zufriedenheit nur in sich selbst finden kann! Das Schöne daran ist, diese Attribute mit anderen teilen zu dürfen und niemals „NIE" zu sagen! Es gibt immer einen Neubeginn, vor allem sind Mut und Tatkraft gefordert! Ich bin durch die wertvollen Erfahrungen in meinem Leben dankbar geworden, erkenne immer mehr den Segen in der jeweiligen Situation und liebe mein Leben Tag für Tag!

Möge es Ihnen auch gelingen, diesen Lebensabschnitt noch so richtig zu genießen, auszukosten und voller Dankbarkeit und Genugtuung auf die schönen Seiten der Vergangenheit zurück zu blicken!

Meine 28. Idee: Nähren Sie Körper, Geist und Seele mit Ihnen entsprechenden Methoden und Techniken! Genießen Sie Ihren Ruhestand mit der geistigen Innenschau!

20. Wertschätzung und Achtsamkeit auch im Alter zeigen

Im Moment ist dieses Kapitel sehr wichtig für mich selbst. Ich schätze und achte alles, was auf mich zukommt, seien es neue Herausforderungen, Altes aufzuarbeiten, Frieden in mir selbst zu schaffen, aber auch Mitgefühl für mich und andere zu empfinden. Wertschätzung mir selbst gegenüber wahrzunehmen, zu spüren, zu leben, war in den letzten Jahren meine Hauptaufgabe. Es ist nicht leicht, seine eigenen Fehler zu entdecken, sich mit ihnen auseinander zu setzen, sie anzunehmen, danach loszulassen und daraus Stärken zu entwickeln. Aber es ist ein interessanter und lebenslanger Prozess. Man lernt immer mehr, sich selbst zu akzeptieren, wie man ist und nicht in Depressionen oder ständig negative Gedanken zu verfallen. Im Gegenteil, ich freue mich, wenn wieder ein Schwachpunkt in mir auftaucht, zu schauen, woher kommt er, wann ist der richtige Zeitpunkt, ihn loszulassen und ihn zu einer Stärke zu gestalten. Einfach zu schauen, wo liegt die Ursache, wann ist diese Tatsache entstanden, mit welcher Methode löse ich es auf, wem muss ich vergeben, mir selbst oder anderen. Was bringt es mir, wenn ich es loslasse, welche Freiheit, Lebensfreude, Glück empfinde ich dann? Meistens schauen wir die alten Muster und Verhaltensweisen nicht gerne an, denn mit dem uns Vertrauten leben wir schon lange, wir kennen es, glauben, es zu lieben und festzu-

halten. Wir wissen aber nicht, wie es ist, wenn wir die Situation gelöst haben, was uns erwartet. Ich bin jedes Mal in eine noch bessere Phase aufgestiegen, deshalb bin ich auch mit Eifer dabei, die alten Geschichten hinter mir zu lassen.
Nicht nur, dass es mir selbst viel besser geht, auch für die nachfolgenden Generationen macht man den Weg freier in ein liebevolleres, sorgenloses und frohes Leben. Das macht mich glücklich!

> **Meine 29. Idee:** Wertschätzen Sie Ihre positiven Eigenschaften! Schauen Sie sich auch Ihre Schattenseiten an und verabschieden Sie sich mit Achtsamkeit von ihnen, um den neuen, verbesserten Zustand zu genießen!

Wichtig ist es meiner Erfahrung nach, den Menschen um sich herum Wertschätzung und Achtsamkeit entgegen zu bringen. Wie oft wertschätzen wir andere Menschen viel zu wenig, glauben, ihnen überlegen zu sein, mehr zu wissen, größere Erfahrungen zu haben etc. All dies mag manchmal auch zutreffen, trotzdem wäre es angebracht, die anderen zu respektieren, wie sie sind! Wenn man andere Menschen missioniert, ohne ihre Zustimmung, beraubt man sie der Möglichkeit, eigene Erfahrungen machen zu dürfen. Oftmals treten dann Gedanken von Wut, Zorn, Groll auf, wenn man seine eigenen Sichtweisen nicht leben darf. Das habe ich selbst nur zu oft an mir selbst erleben dürfen. Wichtig war für mich zu erkennen, dass ich selbst auf mich Acht geben muss, in meinem Beobachter zu bleiben, das heißt, mich im Gespräch nicht im anderen zu verlieren, sondern in mir zu spüren, wie geht es mir mit den Ansichten und Meinungen der anderen. Gehe ich damit konform oder bin ich ganz anderer Meinung? Wenn ich fremdbestimmt bin, dann lebe ich nicht meine Wahrheit. Entscheiden wir uns daher für Authentizität, für Offenheit und Ehrlichkeit! Das leben uns nun die Kinder der letzten Generationen vor! Sie spüren sofort, ob wir unsere Wahrheit sagen und leben und sie zeigen es uns postwendend. Sie sind der Spiegel für unser Verhalten! Versuchen wir doch daraus zu lernen! Sie bringen schon die wichtigen Eigenschaften und Charaktermerkmale für die Zukunft mit! Friedliches, wertschätzendes Verhalten, keine Trennung zwischen Menschen, Tieren, dem Universum.

Meine 30. Idee: Bleiben Sie in Gesprächen mit anderen in Ihrem Beobachter! Leben Sie Ihr Leben, achtsam und wertschätzend sich selbst und anderen gegenüber! Entwickeln Sie Mitgefühl mit allen Wesen!

Meiner Meinung nach wird es immer wichtiger werden, friedliches, wertschätzendes Verhalten an den Tag zu legen, Achtung zu haben vor dem Nächsten, seien es Menschen, Tiere oder Pflanzen. Es wäre wunderbar, könnten wir Älteren es den Kindern vorleben! Wie anders sähe die Welt dann aus! Meiner Meinung nach sollten Jugendliche viel Zeit mit älteren und alten Menschen verbringen, mit ihnen gemeinsam spielen, basteln, kommunizieren, voneinander lernen, um einander besser verstehen zu können. Lebensfreude und Humor kommen wieder hervor und die Jugendlichen erfreuen sich an der besseren Gesundheit und Fröhlichkeit der älteren Menschen! Es gäbe viel weniger Konflikte zwischen Alt und Jung, das Verständnis wäre von beiden Seiten gegeben und Mitgefühl würde von beiden Seiten entwickelt werden.

> **Meine 31. Idee:** Finden Sie gemeinsame Aktivitäten für Jugendliche und Senioren, um das Verständnis gegenseitig zu fördern und zu vergrößern!

Natürlich sollen wir Jugendliche niemals aufhalten, ihre eigenen Wege zu finden und zu gehen. Das einzige, was wir Älteren tun können ist, sie vor Gefahren zu warnen. Wie die Jugendlichen damit umgehen, bleibt natürlich ihnen überlassen! Denken wir doch an unsere Jugend! Auch wir haben uns nicht gern von den Eltern und Verwandten etwas sagen lassen, womit wir selbst nicht einverstanden waren.
Akzeptieren wir das als Tatsache, dann haben wir schon eine Menge beigetragen zu einem verständnisvolleren, achtsamen und wertschätzenden Umgang miteinander!

Ich würde mir wünschen, dass in den nächsten Jahren Wertschätzung und Achtsamkeit in allen Bereichen Eingang finden möge! Vor allem wäre es wichtig die Natur zu schützen, mit dem Element Wasser sorgsamer umgehen zu lernen, und die erneuerbaren Energien rascher zu entwickeln. Sodass wir als denkende Wesen erkennen, worin unsere Aufgabe besteht, die Erde und ihre Bewohner vor allem für unsere Kinder, Enkel und Urenkel zu erhalten, sie wertzuschätzen, zu respektieren, wenn sie uns ihre Grenzen aufzeigt und darauf zu reagieren!

Meine 32. Idee: Schützen Sie die Natur, bauen Sie mit an einer friedlichen und lebenswerten Gesellschaft für die nächsten Generationen!

21. Frieden in mir selbst finden und ihn nach außen bringen

Für mich bedeutet Frieden völlige Harmonie in mir selbst herzustellen, das heißt den Verstand mit dem Herzen und dem Bauchgefühl in Verbindung zu bringen und erst danach zu handeln. Sich selbst vollkommen zu lieben und anzuerkennen, wie man ist und dadurch auch die Lebewesen, mit denen man in Verbindung steht. Kein wenn und aber sondern die Tatsachen erkennen, geistig nachvollziehen und in die richtigen Bahnen lenken. Vor allem im Moment leben, alle Ereignisse der Vergangenheit akzeptieren, wie sie sind, die Ursachen beheben und in eine neue Richtung gehen, die die Harmonie mit allen Wesen wieder herstellt.

Wenn wir von außen Unharmonisches gespiegelt bekommen, hat es meistens auch mit uns selbst zu tun. Auch wenn es uns nicht gleich bewusst wird, oftmals nach der Auflösung wissen wir den Sinn dahinter. Frieden beginnt also bei uns selbst, deshalb dürfen wir uns nicht wundern, wenn es im Außen noch so viele Konflikte gibt, wenn wir selbst noch aggressiv reagieren, andere provozieren, den Streit suchen, und vieles mehr.

Natürlich sollen wir Konflikte austragen lernen, aber auf eine Art und Weise, dass es keine Verlierer sondern Gewinner gibt, beide Partner profitieren davon. Das sollte geübt werden! Immer wieder fällt mir dazu die „Gewaltfreie Kommunikation" nach Marshall Rosenberg ein.

Über diese Methode gehe ich in meine eigenen Gefühle und bekomme meine Emotionen immer besser in den Griff. Ich erkenne sehr schnell, wann ich achtsam und im Beobachter bin oder in einer kontrollierenden, egoistischen Art und Weise dem anderen begegne. Wenn ich mir das Sprichwort "Wie man in den Wald hinein ruft, so tönt es zurück", näher betrachte, liegt es an mir, wie ich den ganzen Tag denke, spreche, fühle und handle.

Meine Idee zum Frieden beginnt schon mit der Geburt eines Kindes. Täglich liebevoll, beobachtend, gefühlvoll, freudig, glücklich und voller Enthusiasmus das Geschenk des Kindes erkennen, annehmen und es wertschätzend in diese Welt einführen, wie ein zartes Pflänzchen, das wachsen darf, achtsam geführt und geleitet wird und dadurch zu einer Persönlichkeit heranwächst, die auch andere Lebewesen achtet, wertschätzt und ihnen liebevoll begegnet.

Meine 33. Idee: Finden Sie Frieden und Harmonie in sich selbst und leben Sie es vor! Üben Sie sich im richtigen Denken, Fühlen, Wollen und Handeln!

33 Ideen kurz zusammengefasst

Meine 1. Idee: Nehmen Sie sich täglich Zeit, um mit Ihrem Sohn/Ihrer Tochter verständnisvolle Gespräche zu führen, ihn/sie bei auftretenden Problemen zu beraten und beiderseitiges Vertrauen aufzubauen.

Meine 2. Idee: Begegnen Sie Ihrem Jugendlichen mit Achtsamkeit und Wertschätzung!

Meine 3. Idee: Fördern Sie die Talente Ihrer Tochter/Ihres Sohnes, überfordern Sie sie/ihn nicht mit zu vielen Freizeitaktivitäten und achten Sie auf freudvolle Wege und eine Prise Humor!

Meine 4. Idee: Stärken Sie Selbstwert und Selbstachtung in sich selbst und leben Sie diese Eigenschaften Ihrem Jugendlichen vor! Setzen Sie Prioritäten und halten Sie sie schriftlich fest!

Meine 5. Idee: Versuchen Sie so oft wie möglich die positiven Verhaltensweisen Ihres Jugendlichen hervorzuheben, dadurch wird sein Wert gestärkt.

Meine 6. Idee: Vertrauen Sie sich selbst, trauen Sie Ihrem Jugendlichen zu, seine eigenen Erfahrungen zu machen aber vermitteln Sie ihm auch die Botschaft, anderen nicht blind zu vertrauen!

Meine 7. Idee: Lösen Sie mit allen Sinnen Gedankenmuster auf, die Sie nicht mehr benötigen! Seien Sie kreativ dabei!

Meine 8. Idee: Verbreiten Sie schon in der Früh eine positive Stimmung, holen Sie ihre Familienmitglieder mit ins Boot und genießen Sie die heiteren und freudigen Stunden Ihres Lebens! Lachen Sie aus voller Herzenslust und genießen Sie das Wohlgefühl dabei!

Meine 9. Idee: Lassen Sie die Vergangenheit los, leben Sie voll und ganz in der Gegenwart, um jede Minute Ihres Lebens zu genießen und dadurch gestalten Sie automatisch auch Ihre positive Zukunft!

Meine 10. Idee: Helfen Sie anderen, es bringt große Befriedigung, fördert die Gemeinschaft und anerkennt die Bedürfnisse der anderen.

Meine 11. Idee: Genießen Sie die Natur, achten und wertschätzen Sie die Ressourcen unserer Erde, damit wir und unsere Nachkommen uns auf ihr wohl fühlen können.

Meine 12. Idee: Erweitern Sie Ihr Bewusstsein durch tägliche Gedankenhygiene, spüren Sie unerwünschte Muster auf, nehmen Sie sie an, fühlen Sie, wo Sie im Körper gespeichert sind und lösen Sie sie mit Ihnen vertrauten Methoden auf! Finden Sie einen neuen affirmativen Satz und nehmen Sie diesen in Ihr Repertoire auf!

Meine 13. Idee: Entwickeln Sie Mitgefühl mit allen Wesen, seien es Menschen oder Tiere, durch liebevolles Annehmen des anderen, aber auch durch freiwilliges Geben von Liebe, Freude und Lob! Achtung vor der Falle des Mitleids!

Meine 14. Idee: Stärken Sie Ihre Stärken und machen Sie Ihre Schwächen durch gezieltes Bearbeiten zu Stärken! Einige Male am Tag tief atmen in frischer Luft bringt neuen Schwung in den Alltag!

Meine 15. Idee: Gehen Sie mit Freude an Ihren Beruf heran, sodass er für Sie zur Berufung wird!

Meine 16. Idee: Sehen Sie Ihren Partner als Spiegelbild und ändern Sie die Eigenschaften, die Sie an sich selbst ändern möchten!

Meine 17. Idee: Ich akzeptiere und liebe meinen Partner, meine Partnerin wie er/sie ist und bleibe mir selbst treu!

Meine 18. Idee: Seien Sie sich Ihrer Verantwortung bewusst, die der neue Erdenbürger mit sich bringt! Nützen Sie die Zeit der Schwangerschaft und freuen Sie sich auf den neuen Lebensabschnitt!

Meine 19. Idee: Genießen Sie die Schwangerschaft, heißen Sie Ihr Baby willkommen und vergessen Sie nicht auf sich! Bereiten Sie sich auf die Geburt vor und freuen Sie sich auf die verantwortungsvolle, bereichernde Beziehung zu Ihrem Kind!

Meine 20. Idee: Erfreuen Sie sich an dem Wunder, das Sie erstmals spüren, erfahren und freudvoll begrüßen dürfen! Sprechen Sie über Ihre Gefühle mit dem Kind! Lassen Sie den Partner oder andere Bezugspersonen bewusst an den Entwicklungsschritten des Babys teilhaben!

Meine 21. Idee: Genießen Sie die Zeit, die Sie mit dem Kind verbringen, sie kommt nie wieder! Nehmen Sie Ihren Nachwuchs an, wie er ist und schätzen Sie seine Einzigartigkeit!

Meine 22. Idee: Seien Sie achtsam im Umgang mit Ihrem Kind. Vermeiden Sie verletzende Gedanken, Worte und Taten. Lieben Sie Ihr Kind, wie es ist, korrigieren Sie das unerwünschte Verhalten und das Benehmen im Moment!

Meine 23. Idee: Denken Sie an sich selbst, erholen Sie sich zwischendurch und lernen Sie im richtigen Moment NEIN zu sagen!

Meine 24. Idee: Suchen Sie sich in einer Krise die richtigen Ansprechpartner/-innen im Außen! Vertrauen Sie auf Ihre Intuition und helfen Sie durch Arbeit an sich selbst mit, schneller wieder aus problematischen Situationen herauszukommen!

Meine 25. Idee: Wer bin ich? Wer möchte ich sein? Versuchen Sie Ihre wahre Identität zu finden, leben Sie Ihre Wahrheit! Finden Sie Ihre Berufung und setzen Sie sie in Ihrem Leben um!

Meine 26. Idee: Nehmen Sie die Umstellung in die Menopause als natürlichen Vorgang an, erkennen Sie die Freiheit, die Ihnen als Frau geschenkt wird!

Meine 27. Idee: Machen Sie einen Schritt in Ihr Inneres Wesen, finden Sie Aufgaben, die Sie und andere erfreuen und entdecken Sie täglich etwas Neues!

Meine 28. Idee: Nähren Sie Körper, Geist und Seele mit entsprechenden Methoden und Techniken! Genießen Sie Ihren Ruhestand mit der geistigen Innenschau!

Meine 29. Idee: Wertschätzen Sie Ihre positiven Eigenschaften! Schauen Sie sich auch Ihre Schattenseiten an und verabschieden Sie sich mit Achtsamkeit von ihnen, um den neuen, verbesserten Zustand zu genießen!

Meine 30. Idee: Bleiben Sie in Gesprächen mit anderen in Ihrem Beobachter! Leben Sie Ihr Leben, achtsam und wertschätzend sich selbst und anderen gegenüber! Entwickeln Sie Mitgefühl mit allen Wesen!

Meine 31. Idee: Finden Sie gemeinsame Aktivitäten für Jugendliche und Senioren, um das Verständnis gegenseitig zu fördern und zu vergrößern!

Meine 32. Idee: Schützen Sie die Natur, bauen Sie mit an einer friedlichen und lebenswerten Gesellschaft für die nächsten Generationen!

Meine 33. Idee: Finden Sie Frieden und Harmonie in sich selbst und leben Sie es vor! Üben Sie sich im richtigen Denken, Fühlen, Wollen und Handeln!

Fallbeispiele:

Wie mich "das Leben" zu Cäcilia führte ...

Ich beschäftigte mich einige Zeit sehr intensiv mit dem Thema "Indigokinder" ... es hatte sehr viel mit meinem Sohn Maximilian zu tun, vielleicht auch mit mir?? ... ich war so sehr berührt von dem, was ich in den Büchern las, trotzdem war der Wunsch da, mich mit jemandem austauschen bzw. mich an jemanden wenden zu können, der/die mit diesem Thema vertraut war ... ich war sehr glücklich, eine Adresse zu finden, von jemandem, der in meiner Umgebung entsprechende Beratungen anbot ... dieser "Jemand" war: Cäcilia Brodesser ... ich meldete mich bei ihr und wir vereinbarten einen Termin ... eine sehr intensive Zeit der Innenschau begann und mit jedem Mal "wurde ich leichter" ... kam ich mir ein Stück näher ...

Schon die Atmosphäre im "Institut 33" war ganz besonders fein, so positiv, ich fühlte mich geborgen und "daheim angekommen" ... Cäcilia schloss ich gleich in mein Herz, ich hatte das Gefühl, einen besonderen Menschen getroffen zu haben, bei dem ich so sein kann wie ich bin und angenommen werde wie ich bin ... Balsam für mein Herz und meine Seele ...

Unsere Gespräche verliefen sehr unkompliziert, mit Leichtigkeit und wurden durch Cäcilias reichen Erfahrungsschatz bereichert. Sehr hilfreich fand ich

das detaillierte Anamneseblatt, denn beim Ausfüllen wurden Verhältnisse zu einzelnen Familienmitgliedern/wichtigen Personen im Leben bzw. Verstrickungen mit unterschiedlichen Menschen "sichtbar" und damit waren viele Themen, die mir so gar nicht eingefallen wären, plötzlich offensichtlich und konnten angeschaut bzw. gelöst werden. Cäcilia spürte sofort, um welches Thema es sich handelte und was dabei gelöst werden sollte. Manchmal wurden sogar mehrere Schocks/Traumen ... aufgelöst. Jede Behandlung war etwas Besonderes und vom Gefühl so wie "daheim ankommen zu dürfen", frei und klar zu sein, ein Gefühl von Geborgenheit und Wärme und natürlich war die Energie wieder im Fluss ...
Wie verlief eine Behandlung?
Cäcilia verwendete als Unterstützung den Thinkman, dem ich anfangs sehr skeptisch begegnete, doch ich freundete mich bald mit ihm an, denn damit kam ich leichter in die Entspannung und fand den "Mini-Delphin" einfach fein und hilfreich.
Dann begann die Behandlung ... alle Chakren wurden mit Energie versorgt und die Chakren, in denen "etwas" aufgelöst werden sollte, dort "blieben die Hände" länger liegen.
Die Auflösung erfolgte mit einem bestimmten Spruch:
„Ich liebe und akzeptiere mich von Herzen mit dem Gefühl", ... dabei spürte ich noch mal nach, welche Gefühle da waren ... bis nichts mehr "kam" –

manchmal flossen dabei auch Tränen, das durfte sein und ich erlebte das auch sehr erleichternd und reinigend ...

„Womit immer es zu tun haben mag, ich verzeihe es voll und ganz, es spielt jetzt keine Rolle mehr. Ich bin frei. Alle Beteiligten sind frei. Friede sei in mir. Friede sei mit allen Beteiligten".

Anschließend durfte ich nachspüren, was ich mir stattdessen gewünscht hätte und daraus formulierten Cäcilia und ich gemeinsam positive Sätze, die mich dann die nächste Zeit begleiten sollten.

Eine Behandlung ist mir immer noch in Erinnerung, weil sie mich sehr berührt hat. Das Gespräch wurde auf Verhältnisse einzelner Familienmitglieder zueinander gelenkt ... und ich erzählte von meiner besonders engen und innigen Beziehung zu meiner Oma, die in Tirol gelebt hatte, aber schon als ich noch Kind war, verstorben war, was ich als sehr traurig und auch dramatisch erlebt habe. Plötzlich sagte mir Cäcilia, dass sie bei meiner Erzählung eine "Gänsehaut" bekommen hätte und sehr deutlich spürte, dass da "etwas" zum Auflösen wäre ... ein Karma ... das war für mich sehr intensiv, weil ich von Karma zwar schon gehört hatte, aber ich empfand es als etwas Beängstigendes ... war dann aber überrascht wie viel Erleichterung ich nach der Auflösung spürte...im Anschluss bekam ich noch Tropfen von "Ingrid Auer - Karmaauflösung", die diesen Prozess unterstützen sollten.

Die Zeit danach fühlte ich mich sehr leicht ... "rausgelöst" aus einer Verstrickung und meine Oma bekam einen Platz in meinem Herzen, der für uns beide angenehm war und noch immer ist ... ich kann in Liebe an sie denken ohne dabei traurig zu sein.

Mein Sohn Maximilian "schleppte einen schweren Rucksack" mit sich herum und hatte es damit weder in seinem Leben noch in der Schule oder sonst wo leicht ... als Indigokind stieß er überall an seine Grenzen, konnte Gefühle nicht ausdrücken, Veränderungen waren für ihn kaum zu ertragen ... auch für mich als Mutter waren diese Situationen sehr schwierig ... ich wünschte ihm und eigentlich uns beiden, dass wir diese Situation verändern/verbessern konnten ... mit Hilfe von Cäcilia...das wäre meine Idee gewesen ... doch es kam anders: Max wollte sich nicht behandeln lassen, er konnte Cäcilia nicht anschauen, wollte nicht mit ihr sprechen, vergrub sich am liebsten hinter seinem "Nintendo" ... ich war verzweifelt, doch für Cäcilia war auch das kein Problem, denn sie konnte sich sehr gut auf Max einstellen und spürte, welche Art von Unterstützung er gerade brauchte bzw. wo etwas aufzulösen war. Das erledigte Cäcilia dann in einer Fernbehandlung - ich war jedes Mal überrascht und unendlich glücklich, weil ich merkte, wie sehr sich Max nach einer solchen Behandlung entspannte, gelöst und viel freier war als zuvor ... ich unterstützte ihn bei seinem Prozess mit "Dingen", die Cäcilia für Max

herausgefunden hatte, wie z. B. ein Lichtgittermandala, das zu seinem Thema passte und auf das ich dann sein Wasserglas stellte oder ein Stein, der ihn unterstützen sollte oder ... wenn sein Prozess abgeschlossen war, wurden diese "Utensilien" wieder unwichtig.
Wenn "etwas" aufgelöst war, merkte ich, dass Max's Augen strahlten, er wirkte ausgeglichener und ruhiger.

Sehr viel Hilfe und Unterstützung erlebten wir von Cäcilia auch, als Max ins Krankenhaus musste, weil er eine schlimme Nebenhöhlenentzündung hatte, bei der die Augen zu schwollen und wir tagelang nicht wussten, ob eine Operation notwendig sein würde, was Max und mich natürlich auch sehr beunruhigte und belastete. Dazu kam noch, dass wir uns in diesem Krankenhaus nicht wirklich gut aufgehoben und betreut fühlten. In meiner Verzweiflung wendete ich mich an Cäcilia und sie löste einiges bei Max auf, Details habe ich durch die Aufregung in dieser Situation leider vergessen ... aber soviel weiß ich, Max ging es dann durch die Behandlung von Cäcilia von Tag zu Tag besser und er musste nicht operiert werden ... ich spüre jetzt noch meine Erleichterung und bin Cäcilia dafür unendlich dankbar.
Max ist gestärkt aus dieser Situation gegangen und hat eine solche Krankheit seither auch nicht mehr gehabt.

Diese Erfahrungen waren sehr eindrucksvoll und haben mich immer einen Schritt weiter gehen lassen, mich gestärkt und wachsen lassen.

Edith G.

Abschließend habe ich Befragungen zum Thema **"Anerkennung und Wertschätzung"** durchgeführt und möchte Ihnen nachstehend drei ausgewählte Antworten vorstellen:

1. Welche wertvollen Eigenschaften schätzt du an dir selbst und an anderen Menschen?

Ich schätze an mir meine Lernfähigkeit, meine ständige Veränderung, mein Wachsen, meine Fähigkeit das Schöne wahrzunehmen und Schönes entstehen zu lassen. Ich schätze an mir meine Fähigkeit mit mir und der Welt glücklich zu sein. Ich schätze an mir meine guten Absichten und den Willen eine positive Veränderung in die Welt zu bringen, sowie meine Empathie und Liebe für andere Wesen und die Welt.

Ich schätze an anderen Menschen, wie sie mit schwierigen Situationen umgehen, Großes erreichen, anderen helfen. Ich schätze an anderen Menschen, dass sie sich für ihre Ziele und Ideale einsetzen trotz Widerstand und Angst. Ich schätze es, wenn Menschen über sich selbst stehen und sich auch um das Wohl anderer kümmern.

2. Nimmst du dich so an wie du bist?

Ich versuche mein Ich im Jetzt wahrzunehmen und mit mir in Frieden zu sein und dabei trotzdem weiter zu wachsen. Ich verändere mich ständig und möchte mich weiter entwickeln ohne mein momentanes Sein damit abzuwerten. Ja, ich nehme mich an wie ich bin.

3. Was bedeutet Familie, Schule, Beruf, deine Beziehungen für dich?

Familie bedeutet für mich, Menschen die eine spezielle Verbindung zu einander haben, die sich kennen, lieben. Familie bleibt auch bei großer Entfernung oder langer Zeit. Familie ist tief, nicht schön, nicht hässlich. Familie kann durch Blut, Zeit, Zuwendung und Geschichte sein.

Beruf heißt für mich einerseits ein Mittel zum Zweck. Ein Job, eine Tätigkeit zum Geldverdienen, in der Arbeit verrichtet wird. Andererseits kann es auch die Berufung sein, die einen erfüllt und wie für einen bestimmt ist. Der Beruf ist eine Aufgabe.

Beziehungen sind für mich die Verbindungen zwischen Menschen (und Tieren), die das Leben lebendig machen, andere Menschen, ihre Persönlichkeiten in das eigene Leben bringen. Beziehungen entstehen bei Kontakt mit anderen. Für mich bereichern sie mein Leben, jede Erfahrung macht mich reicher. Glückliche, liebevolle Beziehungen mit gegenseitigem Verständnis machen mich glücklich.

4. Was bereitet dir in deinem Leben Freude und Spaß?

Andere Menschen, mit ihnen Liebe, Freude und Spaß erfahren. Im Austausch mit anderen sein. Geben und nehmen. Anderen helfen.

Mich erweitern, meinen Horizont erweitern.

Sonne.

Lachen, Tanzen, körperliche Bewegung, Capoeira, etwas Erreichen, etwas Kreieren, gute Musik hören.

Kochen, mich künstlerisch ausdrücken.

Tiere, Natur, Das Meer spüren, schwimmen, riechen, hören.

Neues kennen lernen und entdecken, Reisen.

Freiheit.

Liebe.

5. Wie schaut eine friedliche Welt für dich aus?

Eine warme Welt voll von Mitgefühl, Liebe, Achtsamkeit, Nächstenliebe, Nachdenken. Eine Welt voll von Verantwortung und Zufriedenheit. Eine zufriedene Welt.

Ohne Aggression, Ausbeutung, Gewalt, Hass, Krieg, Entmündigungen, Unterdrückung.

Lola

1. Frage: Welche Bedeutung hat Anerkennung für dich selbst und andere Menschen in deinem Leben?

2. Frage: Wertschätzt du dich selbst und welchen Stellenwert gibst du anderen Personen?

Anerkennung selbst spielt keine so große Rolle … eher Wertschätzung meines Seins und das der anderen … das ist mir wichtig …
(Anerkennung hat für mich etwas mit Leistung & Handlung zu tun … Wertschätzung eher mit dem Sein & dem Wesen eines Menschen)
Ich übe und trainiere mich täglich in bedingungsloser Wertschätzung meines Selbst und anderer Personen und das im Herzen zu spüren….jede Minute & jeden Atemzug … es entgleitet mir manchmal im Alltag … und der programmierte Verstand ist laut, kalt, unfair und vorschnell.
Da spüre ich sehr wohl Anerkennung mir selbst gegenüber … ich erkenne an, dass ich Mensch bin und mich ständig weiterentwickle … durch Ausbildungen oder kleine Schritte im Alltag zu einem besseren Ich werde …

3. Frage: Worauf richtest du deine Aufmerksamkeit in der Familie, im Beruf, in deinen Beziehungen?

In meinem „in Beziehung stehen" mit anderen bemühe ich mich stets um eine innere, neutrale Haltung (im Sinne des Vermeiden von Be- & Verurteilen anderer & das bedingungslose Annehmen des SO-Seins des Gegenübers).
Meine Aufmerksamkeit richtet sich auf das Verbringen einer für alle wohltuenden Zeit gemeinsam und dem Wahrnehmen der Interaktionen untereinander. Auch möchte ich, dass sich die Personen gut verstehen und dass es den einzelnen gut geht.

4. Frage: Wie schaffst du es, deine Herausforderungen anzunehmen und sie bestmöglich zu lösen?

Die Frage ist schwierig zu beantworten, weil unterschiedlich große Herausforderungen bedürfen unterschiedlicher Herangehensweisen …
Generell würde ich sagen, dass mir das Bild vom „Circle of Influence" gut assistiert bei Herausforderungen … d. h. ich reflektiere darüber, ob ich Einfluss auf das „Problem" oder Thema habe oder nicht …

Wenn nicht, setze ich mich mit Hilfe der 2-Punkt-Methode oder anderen hilfreichen Techniken mit meinen Emotionen auseinander und zusammen.

5. Frage: Was heißt Lebensfreude für dich?

Lebensfreude sind unter anderem feuchte Hundeschnauzen und wedelnde Schwänze.
Grundsätzlich glaube ich aber, dass es aber so wie Glück, von der inneren Einstellung/Haltung abhängt und „erlernbar" bzw. trainierbar ist ... Hunde sind da großartige Lehrer!
Sich an kleinen Dingen erfreuen zu können, das Besondere wahrnehmen zu können, im Augenblick zu leben und das „Sich-um-alles-Sorgen" zu verlernen, sind gute Voraussetzungen dafür.

6. Frage: Wie findest du Frieden in dir selbst?

Frieden entsteht in mir, wenn ich meditiere, beim Waldspaziergang mit meinen Hunden oder nach einer NIA-Stunde.

P. H.

1. Frage: Welche Bedeutung hat Anerkennung für dich selbst und andere Menschen in deinem Leben?

Ich habe lange unter mangelndem Selbstwert-Gefühl gelitten und mich deshalb sehr mit anderen verglichen und mich generell zu sehr nach Außen orientiert. Das konnte ich langsam, über die Jahre, ändern und Schritt für Schritt meinen eigenen Wert in mir wahrnehmen. Damit ist mein Bedürfnis nach An-erkennung drastisch gesunken, ich würde mich jetzt als sehr innenorientiert bezeichnen, das lässt mich z. B. bei Entscheidungen für manche als stur erscheinen.

2. Frage: Wertschätzt du dich selbst und welchen Stellenwert gibst du anderen Personen?

Ja, das tue ich, wenn auch dieses Gefühl nicht immer ganz stabil ist. Diese Wertschätzung für das eigene Sein anderen hochsensiblen Menschen zu vermitteln, ist ja immer wieder Teil meiner Arbeit, was ich selbst natürlich auch als heilsam empfinde. Ich kann die Menschen in meinem Umfeld schätzen, die Beziehungen nicht für Machtspiele benutzen oder andere zum eigenen Nutzen abwerten.

3. Frage: Worauf richtest du deine Aufmerksamkeit in der Familie, im Beruf, in deinen Beziehungen?

Das ist so allgemein schwer zu sagen. Ich denke, mir sind Echtheit wichtig (mich irritieren Menschen, die ständig Rollen spielen oder Floskeln austauschen) sowie ein gegenseitiger förderlicher Umgang miteinander. Ich war früher sehr fehlerorientiert, bei mir wie bei anderen, und hoffe, mich diesbezüglich durch meine eigene Selbstannahme usw. entspannt zu haben.

4. Frage: Wie schaffst du es, deine Herausforderungen anzunehmen und sie bestmöglich zu lösen?

Durch Introspektion, aber auch durch Austausch mit Freund/-innen und Fachleuten. Oftmals bringt mich eine Beratung einer kundigen Therapeutin, eines Energetikers schneller weiter, als ein noch so gutgemeinter Ratschlag von Nahestehenden. Im Rückzug und durch Naturerfahrungen komme ich oft zu guten Lösungen.

5. Frage: Was heißt Lebensfreude für dich?

Das ist mehr im Körper zu sein, mehr zu spüren, zu genießen, zu feiern, zu kreieren, auszuprobieren, verrückt sein dürfen, aber auch still z. B. in einer Naturerfahrung – als im Kopf alles zu zerdenken.

6. Frage: Wie findest du Frieden in dir selbst?

Durch die Balance zwischen Bewegung und Stille, Spiritualität und Geerdetsein, Kontakt und Rückzug, produktive Arbeit und Mußestunden, und immer wieder in der Natur.

Nachwort

Die Reise meiner Seele ist zwar noch lange nicht beendet, sie zeigt mir aber immer mehr, wie wichtig es für mich ist, ihrem Ruf zu folgen.
Durch die Anerkennung und Wertschätzung meiner eigenen Person, finde ich diese Eigenschaften auch in meinem Gegenüber.
Was bedeutet Anerkennung und Wertschätzung für mich?
Es bedeutet für mich LIEBE, FRIEDEN, DAS ZU SEIN was mich selbst ausmacht, mit all den Facetten des SICH ANNEHMEN KÖNNENS und mit sich selbst zufrieden sein, um in der heutigen Welt – trotz aller Herausforderungen – bestehen zu können.
Weiters niemals NIE zu sagen, VERTRAUEN in mich und andere zu setzen, den Weg der FREIHEIT zu gehen, für mich selbst zu sorgen, MITGEFÜHL für andere zu entwickeln, die besonderen Qualitäten, Talente und Begabungen an sich zu entdecken und an das Außen weiter zu geben. DANKBARKEIT in das alltägliche Leben einfließen zu lassen, für alles was mir zugefallen ist, wie ich es annehmen und verwerten kann im jetzigen Moment.

Folgende Fragen stelle ich mir immer wieder:
Wertschätze ich mich selbst?
Welchen Stellenwert gebe ich mir in meinem Leben?
Fordere ich zu viel von anderen Menschen ein?

Was erkenne ich in mir selbst?
Welche Eigenschaften erkenne ich in mir wirklich?
Nehme ich sie für selbstverständlich oder finde ich Lob dafür?
Ich leiste einen Beitrag dazu, wenn ich am Abend einen Block zur Hand nehme und alles aufschreibe, was mir gut gelungen ist und was nicht.

Empfinde ich es als Makel, wenn mich andere nicht erkennen wie ich bin?
Was löst es in mir aus?
Gebe ich den anderen den Wert, den er/sie verdient?
Bin ich ein Spiegel meines Gegenübers oder umgekehrt?

Die Antworten auf all diese Fragen sind für mich die FREUDE am Leben und dass ich mich selbst wertschätze und anerkenne mit all meinen Stärken und Schwächen.
Somit bin ich in meiner Mitte, in Balance, ruhig und ausgeglichen.

Falls Sie Fragen haben oder einen Rat brauchen, erreichen Sie mich unter folgender Kontaktadresse:

Cäcilia Brodesser
Pädagogin, Autorin und Trainerin

Wöllersdorf 11
A-3053 Laaben bei Neulengbach
Mobil: +43(0)664 1508351
E- Mail: c.brodesser@institut33.at
www.institut33.at

Buchempfehlungen

Brodesser, Cäcilia: **33 Tipps für den Umgang mit Kindern der neuen Zeit**, novum publishing gmbh (5. März 2010)

Brodesser, Cäcilia: **33 Tipps für die liebevolle Begleitung von Kindern der neuen Zeit,** novum eco (25. Mai 2011)

Gordon, Thomas: **Die Neue Familienkonferenz: Kinder erziehen ohne zu strafen,** Heyne Verlag (8. September 2014)

Chopich, Erika J.: **Aussöhnung mit dem inneren Kind.** Taschenbuch; Auflage: 26 (2009), Ullstein Verlag

Chopich, Erika J.: **Das Arbeitsbuch zur Aussöhnung mit dem inneren Kind.** Broschiert Auflage 1. Januar 2005, Ullstein Verlag

Duprée, Ulrich: **Das Wunder der Vergebung: Ho'oponopono – das hawaiianische Ritual für inneren Frieden,** Kailash Verlag (22. April 2013)

Francia, Luisa: **SteinReich, Verlag:** Frauenoffensive; Auflage: 1. (1993)

Francia, Luisa: **Frauenkraft, Frauenweisheit: Mit Freude den eigenen Weg gehen,** Nymphenburger Verlag, Auflage: 2 (19. Februar 2014)

Kahili King, Serge: **Der Stadt-Schamane: Ein Handbuch zur Transformation durch Huna, das Urwissen der hawaiianischen Schamanen,** Lüchow Verlag in J. Kamphausen; Auflage: Neuauflage. (24. November 2014)

Kahili King; Serge: **Die Dynamind Technik: Vier einfache Schritte zur Heilung,** J. Kamphausen Mediengruppe GmbH; Auflage 6 (1.April 2011

Munin, Hugin, **Geistige Homöopathie nach Grigori Grabovoi ®: Band I,** Verlag Jelezky Publishing (1. Oktober 2016)

Rosenberg, Marshall B.: **Gewaltfreie Kommunikation: Eine Sprache des Lebens,** Junfermann Verlag; Auflage: 12 (20. September 2016)

Rosenberg, Marshall B.: **Gewaltfreie Kommunikation: Eine Sprache des Lebens,** Junfermann Verlag; Auflage: 12 (20. Septem-ber 2016)

Rohr, Richard: **Das Enneagramm: Die 9 Gesichter der Seele,** Verlag Claudius, Auflage: 47 (1. September 2013)

Stone, Joshua David: **Wie man sich vom negativen Ego befreit,** Deutsche Erstausgabe Sommer 2003, R. Lippert Verlag, Übersetzung: Monika Bischofberger-Spitzer

Hilfreiche Links

Brodesser, Cäcilia: **Netzwerk Kinder der neuen Zeit,** www.institut33.at

Brodesser, Yela und Giordani, Daniel: **Institut für Rhytmuserfahrung:** www.rhytmotop.at

Brodesser, Claudia: **Klinische und Gesundheits-Psychologin,** diplomierte **Kunsttherapeutin: Schwerpunkt: Kinder**: claudia.brodesser@chello.at

THE ALOHA PROJECT : **Making the world a better place,** www.alohainternational.org

hochsensitiv.net - netzwerk von hsp für hsp (Hochsensitive Personen): www.hochsensitiv.net

Unabhängige Service- und Aktivplattform: **Geistige Homöopathie® nach Grigori Grabovoi,** www.geistige-homoeopathie.com